Langenscheidt
Vom Wort zum Satz

Türkisch

Die wichtigsten Wörter
in einfachen Sätzen üben

von Zekâ Öz

Langenscheidt

Langenscheidt
Vom Wort zum Satz
Türkisch
Die wichtigsten Wörter in einfachen Sätzen üben

von
Zekâ Öz

Audio-Dateien zum Anhören in der Scan2Learn-App

001

Das Kopfhörer-Symbol zeigt Ihnen, dass Sie für diese Übung die angegebene Audio-Datei anhören müssen. Die Zahl bezeichnet die Tracknummer.

Die MP3-Dateien finden Sie in der Scan2Learn-App für digitale Zusatzmaterialien zum Buch. So einfach geht's:

1. Laden Sie die **Scan2Learn**-App herunter.

2. Wählen Sie im Bücherregal der App Ihr Buch aus und laden Sie die Materialien herunter. Nun können Sie die App auch offline verwenden.
3. Tippen Sie auf den Scan-Button und scannen Sie die Seite in Ihrem Buch, auf der Sie gerade sind. Und schon stehen Ihnen die Audio-Dateien zum Anhören zur Verfügung.

Die **MP3-Dateien** finden Sie auch **online zum Download** unter
www.langenscheidt.com/bonusmaterial
Geben Sie dort den Code WST636 ein und klicken Sie auf den Button „aktivieren".

S. 9 bis 22 des Buches basieren in Teilen auf 978-3-12-562456-6

2. Auflage 2026

www.langenscheidt.com/kontakt

Redaktion: Erkin Güneşdoğdu
Innenlayout: Meike Elsasser, Hildrizhausen
Bildnachweis: Umschlag: Getty Images/Far700 (Muster), Shutterstock/Antonio Guillem (Hände, Tassen); S. 8: Adobe Stock/asantosg
Satz: Satzkasten, Stuttgart
Druck und Bindung: Multiprint Ltd., Kostinbrod

ISBN 978-3-12-563600-2

So lernen Sie mit diesem Buch

Mit diesem Buch erweitern Sie Ihren türkischen Wortschatz in kleinen Schritten – vom einzelnen Wort zum ganzen Satz.
Der Inhalt ist in 30 thematisch gegliederte Lektionen unterteilt. Auf der ersten Doppelseite einer Lektion werden Ihnen 10 grundlegende türkische Wörter zu einem bestimmten Thema vorgestellt, die Sie im Laufe der Lektion lernen. Diese Wörter tauchen dann in der Folge in tabellarischer Darstellung in Beispielsätzen wieder auf. In den Tabellen werden die Wörter in ihre einzelnen Bestandteile zerlegt und Wort für Wort übersetzt, sodass Sie deutlich nachvollziehen können, um welchen Wortbestandteil mit welcher Bedeutung es sich handelt.
In kleinen Infokästen erfahren Sie Wichtiges zu Grammatik und Wortschatz, aber auch zum Land und zur Kultur.

Auf der dritten und vierten Seite einer Lektion lernen Sie dann zahlreiche Wörter, die mit denen der ersten Seite thematisch verbunden sind, denn wenn Sie sich einzelne Wörter nicht isoliert, sondern eingebettet in ihrer semantischen Umgebung aneignen, lernen Sie sie auch schneller und leichter.
Abschließend üben Sie die neuen Wörter und wiederholen alles in einem kleinen Text noch einmal. Sie werden sehen: In kleinen und langsamen Schritten erweitern Sie Ihren Wortschatz immer mehr.

Alle Wörter und Sätze, die Sie innerhalb einer Lektion lernen, können Sie auch anhören. Die MP3-Dateien und eine komplette Liste der Wörter mit Übersetzung können Sie online herunterladen. Wie das geht, erfahren Sie auf Seite 2.

Viel Erfolg beim Lernen wünscht Ihnen die Langenscheidt-Redaktion!

ABKÜRZUNGEN

Abl.	*Ablativ*	Pers.	*Person, Personal-*
Akk.	*Akkusativ*	Pers.end.	*Personalendung*
Dat.	*Dativ*	Poss.	*Possessiv*
End.	*Endung*	Poss.end.	*Possessivendung*
etw.	*etwas*	Pl.	*Plural*
Gen.	*Genitiv*	Präs.	*Präsens*
gV	*große Vokalharmonie*	Sg.	*Singular*
kV	*kleine Vokalharmonie*	usw.	*und so weiter*
Lok.	*Lokativ*	Verg.	*Vergangenheit*
Nom.	*Nominativ*	z. B.	*zum Beispiel*
P.	*Person*		

Aus Platzgünden werden an manchen Stellen Endungen, die durch die **kleine und große Vokalharmonie** sowie den **Lautwandel** beinflusst werden, verkürzt wiedergegeben. Dabei steht stellvertretend großes **-A** für **-a/-e**, großes **-I** für **-ı/-i/-u/-ü** sowie großes **-D** für **-d/-t** und **-C** für **-c/-ç**. Hier einige Beispiele:

-A (kV)	*-a/-e*	-sIn (gV)	*-sın/-sin/-sun/-sün*
-dA (kV)	*-da/-de*	-(y)I (gV)	*-(y)ı/-(y)i/-(y)u/-(y)ü*
-dAn (kV)	*-dan/-den*	-(y)Im (gV)	*-(y)ım/-(y)im/-(y)um/-(y)üm*
-(y)A (kV)	*-(y)a/-(y)e*	-(n)In (gV)	*-(n)ın/-(n)in/-(n)un/-(n)ün*
-DA (kV)	*-da/-ta/-de/-te*	-(I)yor (gV)	*-(ı)yor/-(i)yor/-(u)yor/-(ü)yor*

Beispiel: **Lok. -DA (kV)**
-DA weist darauf hin, dass hier der Lautwandel (-DA) und ferner die kleine Vokalharmonie (-DA **(kV)**) beachtet werden müssen. Ein so gekennzeichnetes Wort kann also das Suffix **-da, -ta, -de** oder **-te** haben:

arabada (*im Auto*)
parkta (*im Park*)
postanede (*in der Post*)
markette (*im Supermarkt*).

INHALT

0

Einführung in die türkische Sprache

Türkçe – einfacher als gedacht!

Türkisch – die logische Sprache

Die beste Nachricht zuerst: Das Türkische besitzt eine sehr logische, fast schon mathematische Grammatik. Zudem gibt es im Gegensatz zu vielen anderen Sprachen kein grammatisches Geschlecht, keine Artikel und nur sehr wenige Ausnahmefälle, was das Erlernen der Grammatik und des Wortschatzes sehr vereinfacht. Auch die Aussprache ist ausgesprochen lernerfreundlich, denn jeder Buchstabe des Alphabets entspricht nur einem Laut – ohne Ausnahme.

Türkisch – die „aneinandergeklebte" Sprache

Ein wesentlicher Unterschied zum Deutschen ist, dass es sich bei Türkisch um eine sogenannte **agglutinierende** (lat. agglūtinātus – *aneinanderkleben)* Sprache handelt. Zentrales Element solcher Sprachen (z. B. auch Japanisch, Koreanisch oder Finnisch) sind Suffixe (Endungen), die an das Wort oder den Wortstamm angehängt werden und dadurch eine neue Bedeutung schaffen, z. B.:

ev	*(das/ein) Haus*	aramak	*suchen*
ev**ler**	*(die) Häus**er***	ara**ma**mak	***nicht** suchen*
ev**lere**	***in die** Häus**er***	ara**yacağım**	***ich werde** suchen*
ev**lerde**	***in den** Häus**ern***	ara**dım**	***ich habe ge**such**t***
ev**lerden**	***aus den** Häus**ern***	ara**mıştım**	***ich hatte ge**such**t***

Dieses Prinzip der Agglutination mag auf den ersten Blick ungewohnt erscheinen, ist aber aufgrund der o. g. Regelhaftigkeit schnell erlernbar, denn jedes Suffix ist – abgesehen von den Erfordernissen der **Vokalharmonie** (s. nächste Seite) – unveränderlich. Haben Sie einmal gelernt, wie beispielsweise eine bestimmte Zeitform gebildet wird, können sie jedes türkische Verb korrekt in dieser Form konjugieren. Ausnahmefälle sind extrem selten.

Türkisch – die harmonische Sprache

Zusammen mit der Agglutination ist die **Vokalharmonie** das zweite wesentliche Charakteristikum der türkischen Sprache. Sie zu beherrschen ist unabdingbar, denn sobald Sie im Türkischen ein Wort mit einem Suffix versehen, muss dieses Suffix (genauer gesagt, der Vokal des Suffixes) an den Vokal der letzten Silbe des Wortes, an das es angehängt wird, angepasst werden:

ev (*Haus*) → ev**ler** (*Häuser*), aber **araba** → **araba**l**ar** (*Autos*)

Dieses Prinzip wird **Vokalharmonie** genannt; man unterscheidet dabei zwischen der **kleinen Vokalharmonie (kV)** und der **großen Vokalharmonie (gV)**.

Es ist sehr wichtig, dass Sie dieses Prinzip verinnerlichen, wenn Sie Türkisch lernen. Die beiden Vokalharmonien werden ausführlich auf den Seiten 11 ff. erläutert und sind im Innenteil dieses Buches an relevanten Stellen durch (kV) und (gV) gekennzeichnet.

Weiterer Unterschied zum Deutschen

Satzbau: Im Türkischen ist die Satzfolge S-O-V (Subjekt-Objekt-Verb) im Gegensatz zum Deutschen (S-V-O):

Tom lernt Türkisch. → **Tom Türkçe öğreniyor.** (= *Tom Türkisch lernt.*)

TÜRKISCH IN DER WELT

Türkisch und die Turksprachen

Linguistisch wird Türkisch der Sprachfamilie der Turksprachen zugeordnet. Diese Familie umfasst mehr als 40 Sprachen, die sich über ein Gebiet vom Balkan bis nach China erstrecken und alle mehr oder weniger eng miteinander verwandt sind. Wie groß die Ähnlichkeiten zwischen den Sprachfamilien teilweise sind, wird anhand des folgenden Beispiels mit dem Begriff **toprak** (*Erde*) deutlich:

toprak (Türkisch), **torpaq** (Aserbaidschanisch), **topraq** (Turkmenisch), **tufrak** (Tatarisch), **topıraq** (Kasachisch), **tuproq** (Usbekisch), **tupraq** (Uigurisch).

Die größte Sprache innerhalb dieser Familie ist Türkisch, das weltweit von rund 80 Millionen Menschen in der Türkei, in einigen Balkanstaaten und in West- und Mitteleuropa gesprochen wird. Türkisch ist Amtssprache in der Türkei und im nördlichen Teil Zyperns sowie lokale Amtssprache im Kosovo und in Rumänien.

Die Sprachreform von 1928

Das heute gesprochene Türkisch geht auf eine von Staatsgründer Mustafa Kemal Atatürk (1881 - 1938) erlassene Sprachreform zurück. Sie war Teil einer Vielzahl von Reformen, mit denen die letzten Verbindungen zum Osmanischen Reich gekappt werden sollten. Vorgänger des heutigen Türkisch war Osmanisch-Türkisch, das über Jahrhunderte hinweg die offizielle Amts- und Literatursprache des Osmanischen Reiches (1299 – 1922) war. Es basierte auf dem Anatolisch-türkischen, nahm aber im Lauf der Zeit immer mehr arabische und persische Elemente auf. Verwendet wurde die arabische Schrift, die jedoch für die vokalreiche türkische Sprache wenig geeignet war, von der gesprochenen Sprache abwich und somit von vielen Türken und Türkinnen nur schwer bzw. gar nicht gelesen und geschrieben werden konnte.

Ziel der Sprachreform war es daher unter anderem, die Alphabetisierungsquote in der Bevölkerung zu erhöhen und im Zuge der Modernisierung der Türkei die Kommunikation mit und die Anbindung an den Westen zu erleichtern. Diese große Reform führte zu tiefgreifenden Veränderungen, weshalb sie auch als **Harf Devrimi** (wörtl. *Buchstabenrevolution*) bezeichnet wird. Sie umfasste folgende Änderungen:

- Ersetzen der arabischen Schrift durch das lateinische Alphabet (besser geeignet für die vokalreiche türkische Schrift)
- Reformierung des Wortschatzes durch die Ersetzung arabischer und persischer Lehnwörter durch türkische Begriffe und Neuschöpfungen
- Vereinfachung der Grammatik.

DAS TÜRKISCHE ALPHABET

Das türkische Alphabet (*alfabe*) umfasst 29 Buchstaben - 8 Vokale und 21 Konsonanten. Die Buchstaben **ä, q, w, x** und **ß** existieren im türkischen Alphabet nicht; bei entlehnten Wörtern werden sie in der Regel mit türkischen Buchstaben wiedergeben (z. B. *Taxi* → taksi). Einige Buchstaben werden ganz anders als im Deutschen gesprochen bzw. es gibt sie im Deutschen nicht; diese sind in der Tabelle etwas dunkler hinterlegt.

Druckschrift	Buchstabenname auf Türkisch	Aussprache
A, a	a	wie a in ***A**meise*
B, b	be	wie b in ***B**ach*
C, c	ce	wie dsch in ***Dsch**ungel*
Ç, ç	çe	wie tsch in ***Tsch**üss*
D, d	de	wie f in *D**orf***
E, e	e	offenes e, wie in: *G**e**ld*
F, f	fe	wie f in ***F**est*
G, g	ge	wie g in ***G**olf*
Ğ, ğ	yumuşak ge (weiches g)	dehnt den vorangehenden Vokal; z. B *yağ* (Öl, Fett) → gesprochen in etwa wie ein deutsches „ja" mit langem a am Ende
H, h	he	am Silbenanfang wie h in ***H**aus*, am Silbenende wie ch in *di**ch***
İ, i	i	wie i in ***I**rland*
I, ı	ı	stumpfer, kurzer Laut; klingt etwa wie das e *komm**e**n*
J, j	je	wie j in ***J**ournalist*
K, k	ke	wie k in ***K**iste*
L, l	le	wie l in ***L**ied*

M, m	me	wie m in ***M**iete*
N, n	ne	wie n in ***N**est*
O, o	o	wie o in ***O**per*
Ö, ö	ö	wie ö in ***Ö**sterreich*
P, p	pe	wie p in ***P**aprika*
R, r	re	wie e in ***R**ast*
S, s	se	immer stimmlos, wie in ***S**kulptur, Wa**ss**er*
Ş, ş	şe	wie sch in ***Sch**ule*
T, t	te	wie t in ***T**ürkei*
U, u	u	wie u in ***U**hu*
Ü, ü	ü	wie ü in ***Ü**bung*
V, v	ve	das türkische w wird immer wie in ***W**ald* ausgesprochen, nie als f
Y, y	ye	wie j in ***J**oghurt*
Z, z	ze	wie stimmhaftes s in ***S**aft*

DIE ORTHOGRAPHIE

Der Zirkumflex (ˆ)

Der Zirkumflex kommt vor allem in Fremdwörtern vor und ist heutzutage immer seltener in Gebrauch. Er wird verwendet,

- um anzuzeigen, dass der Konsonant **g, k** oder **l** heller ausgesprochen wird, z. B.: **kat** (*Stockwerk* → ausgesprochen wie „katt“) vs. **kâğıt** (*Papier* → ausgesprochen wie „kjaht“).
- um zwei **gleichgeschriebene Wörter** voneinander zu unterscheiden, z. B.: **adet** (*Zahl*) vs. **âdet** (*Gewohnheit*); der Zirkumflex zeigt an, dass der Vokal lang ausgesprochen wird.

Der Apostroph (')

Der Apostroph wird verwendet, um Eigennamen und Zahlen, die in Ziffern geschrieben werden, von ihren (Fall-)endungen zu trennen:

İstanbul'da yaşıyorum.	*Ich lebe in Istanbul.*
1974'te doğdum.	*Ich wurde im Jahr 1974 geboren.*

Groß- und Kleinschreibung

Im Türkischen wird lediglich das erste Wort eines Satzes großgeschrieben; alle folgenden Wörter schreibt man klein, außer es handelt sich um Eigennamen, Titel, Nationalitäts- und Religionsbeschreibungen – für diese gilt ebenfalls die Großschreibung:

Yarın akşam İzmir'e gidiyoruz.	*Morgen Abend fahren wir nach Izmir.*

Silbentrennung

Die Silbentrennung richtet sich im Türkischen nach den Sprechsilben. Diese beginnen ab der zweiten Silbe immer mit einem Konsonanten, außer es handelt sich um Fremdwörter mit Doppelvokalen:

Almanca → Al-man-ca	Deutsch
şiir → şi-ir	Gedicht

DIE LAUTLEHRE

Die Vokalharmonie

Die grammatischen Strukturen des Türkischen orientieren sich an der Harmonie von Vokalen und Konsonanten. So gleichen sich die Vokale von Suffixen an den letzten Vokal des Wortes an, an das sie angehängt werden. Dies gilt für (fast) alle Suffixe, ganz gleich welche grammatische Funktion sie erfüllen.

Unterschieden wird zwischen kleiner und großer Vokalharmonie. Je nach Art des Suffixes und je nach Art (hell oder dunkel) des letzten Vokals des vorangehenden Wortes, gibt es zwei oder vier Angleichungsmöglichkeiten für das Suffix:

helle Vokale	**e i ö ü**
dunkle Vokale	**a ı o u**

Die beiden Varianten werden im Folgenden erklärt.

Die Kleine Vokalharmonie

Bei der kleinen Vokalharmonie gibt es **zwei** Möglichkeiten der Angleichung; der **Vokal des Suffixes wird entweder zu e** oder zu **a**. Die Regeln der kleinen Vokalharmonie greifen u. a. bei der **Bildung** des **Infinitivs**, des **Plurals**, des **Dativs**, des **Lokativs** und des **Ablativs** sowie bei der Bildung des Futurs.

Als Regel gilt: Wenn im Wort vor dem Suffix der letzte Vokal ein heller Vokal ist, bekommt das Suffix ein **-e**, ist es ein **dunkler Vokal**, bekommt das Suffix ein **-a**:

	e i ö ü → e	**a ı o u → a**
Infinitiv -mek/-mak	g**e**lm**e**k *(kommen)*	k**a**lm**a**k *(bleiben)*
Plural -ler/-lar	**e**v *(Haus)* → ev**le**r *(H**ä**us**er**)*	ok**u**l *(Schule)* → okull**ar** *(Schul**en**)*
Dativ -(y)e/-(y)a	ev**e** *(**ins** Haus, **nach** Hause)* müze**ye** *(**ins** Museum)*	okul**a** *(**in die** Schule)* opera**ya** *(**in die** Oper)*
Lokativ -de/-da	ev**de** *(**im** Haus)* müze**de** *(**im** Museum)*	okul**da** *(**in der** Schule)* opera**da** *(**in der** Oper)*
Futur -ecek/-ecek	gel**ecek** *(er/sie/es wird kommen)*	kal**acak** *(er/sie/es wird bleiben)*

Die Große Vokalharmonie

Bei der großen Vokalharmonie gibt es vier Möglichkeiten der Angleichung; der Vokal des Suffixes wird entweder zu **i** oder **ü** oder **ı** oder **u**. Die Regeln der großen Vokalharmonie gelten z. B. für **Personal-** und **Possessivendungen**, **Fragepartikeln**, **die Bildung** von **Genitiv** und **Akkusativ** sowie für **Ordnungszahlen**.

Als Regel gilt: Wenn im Wort vor dem Suffix der letzte Vokal ein heller Vokal ist, bekommt das Suffix ein **-i** oder **-ü**, ist es ein **dunkler Vokal**, bekommt das Suffix ein **-ı** oder **-u**. Hier eine Veranschaulichung anhand einiger Beispiele von Ordinalzahlen, die durch Anhängen des Suffixes **-inci**, **-ıncı**, **-üncü** oder **-uncu** gebildet werden:

e + i → i **ö + ü → ü**	**a + ı → ı** **o + u → u**
b**e**ş *(fünf)* → beş**inci** *(fünf**te/-r/-s**)* b**i**r *(eins)* → bir**inci** *(**erste/-r/-s**)* d**ö**rt *(vier)* → dörd**üncü** *(vier**te/-r/-s**)* **ü**ç *(drei)* → üç**üncü** *(**dritte/-r/-s**)*	alt**ı** *(sechs)* → alt**ıncı** *(sechs**te/-r/-s**)* dok**u**z *(neun)* → dokuz**uncu** *(neun-**te/-r/-s**)* **o**n *(zehn)* → on**uncu** *(zehn**te/-r/-s**)*

Die Bindekonsonanten

Im Türkischen wird vermieden, dass zwei Vokale aufeinandertreffen; wenn sie es trotzdem tun, dann nur in Fremdwörtern. Wird ein Suffix, das mit einem Vokal beginnt, an ein Wort angehängt, das auf einen Vokal endet, so wird zwischen diesen beiden Vokalen ein Bindekonsonant eingefügt. Am häufigsten ist dies ein **y**, aber es gibt auch die Bindekonsonanten **n** (Genitivendung) und **s** (Possessivendung der 3. Pers.). Hier ein Beispiel anhand des Wortes **baba** (*Vater*):

→ baba**y**a (***zum*** *Vater*) → baba**s**ı (***sein/ihr*** *Vater*) → baba**n**ın (**des** *Vaters*)

Der Konsonantenwandel

Der Konsonantenwandel im Wortauslaut

Im Türkischen gibt es stimmhafte und stimmlose Konsonanten:

stimmhaft	**b**	**c**	**d**	**g**	**ğ**		**j**	**l**	**m**	**n**	**r**	**v**	**y**	**z**
stimmlos	**p**	**ç**	**t**	**k**		**h**	**ş**					**f**		**s**

Suffixe, die mit **d**, **c** oder **g** beginnen, ändern ihren Anfangskonsonanten in **t**, **ç** oder **k**, wenn sie an ein Wort angehängt werden, das mit einem stimmlosen Konsonanten endet: **ev** (*Haus*) → **evde** (*im Haus*), aber: **park** (*Park*) → **parkta** (*im Park*)

Der Konsonantenwandel im Wortauslaut

Hängt man bei Substantiven, die auf die stimmlosen Konsonanten **p**, **ç**, **t**, **k**, **nk** enden, ein Suffix an, das mit einem Vokal beginnt, wandeln sich diese stimmlosen Konsonanten in ihre stimmhaften Entsprechungen **b**, **c**, **d**, **ğ**, **ng**, z. B.: **kitap** (*Buch*) → **kitabı** (*sein/ihr Buch*), **taç** (*Krone*) → **tacı** (*seine/ihre Krone*), **simit** (*Sesamkringel*) → **simidi** (*sein/ihr Sesamkringel*), **yelek** (*Weste*) → **yeleğı** (*seine Weste*), **çelenk** (*Kranz*) → **çelengi** (*sein/ihr Kranz*).

Es gibt allerdings viele Ausnahmen zu dieser Regel, besonders bei einsilbigen Wörtern, z. B. **top** (*Ball*) → **topu** (*sein Ball*) und bei Wörtern, die mit **t** auslauten, wie z. B. **ceket** (*Jacke*) → **ceketi** (*seine Jacke*). Ob ein Substantiv mit **p**, **ç**, **t** oder **k** im Wortauslaut dem Konsonantenwandel unterliegt oder nicht, kann man ihm nicht ansehen; man muss es also für jedes Substantiv einzeln mitlernen.

Bei einigen wenigen Verbstämmen wandelt sich auslautendes **t** beim Antritt von Endungen, die mit Vokal beginnen, zu **d**. Die wichtigsten sind:

etmek (*tun*) → **ediyor** (*er/sie/es tut*), **gitmek** (gehen) → **gidiyor** (*er/sie/es geht*)
tatmak (*schmecken*) → **tadıyor** (*er/sie/es schmeckt*).

Der Konsonantenwandel kommt auch im Auslaut von Verbalendungen vor, z. B. bei der Futurendung **-(y)ecek: gideceksin** (*du wirst gehen*), aber: **gideceğim** (*ich werde gehen*).

Weitere Abweichungen

Außer den zuvor besprochenen Substantiven mit Konsonantenwandel im Auslaut gibt es noch drei weitere Gruppen von Substantiven, die bei der Deklination von der Norm abweichen. Diese Fälle müssen mitgelernt werden.

Im Türkischen gibt es zahlreiche Fremdwörter mit einem dunklen Vokal in der letzten Silbe, die aber entgegen der Vokalharmonie keine Endungen mit dunklen, sondern mit hellen Vokalen annehmen:

Gal (*Gallier/-in*) → **Galler** (*Gallier/-in*)
hal (*Zustand; Halle*) → **haller** (*Zustände; Hallen*)

Einige Substantive aus dem Arabischen enden eigentlich mit einem Doppelkonsonanten, der aber im Türkischen nicht geschrieben wird. Er wird aber dann doppelt geschrieben (und gelängt ausgesprochen), wenn eine mit Vokal beginnende Endung angehängt wird: **hak** (*Recht*) → **hakkı** (***sein/ihr*** *Recht*).

Bei einigen zweisilbigen Substantiven fällt der Vokal in der zweiten Silbe weg, wenn eine mit Vokal beginnende Endung angehängt wird: **burun** (*Nase*) → **burnum** (***meine*** *Nase*).

GESCHLECHT, ARTIKEL UND PLURALBILDUNG

Geschlecht und Artikel

Das Türkische hat im Gegensatz zum Deutschen kein grammatisches Geschlecht; so kann **doktor** einen **Arzt** oder eine **Ärztin** bezeichnen. Es gibt auch keinen **bestimmten Artikel**, sodass **doktor** nicht nur **Arzt**, sondern auch **der Arzt**, **ein Arzt**, **Ärzte** oder **die Ärzte** bedeuten kann. Als unbestimmter Artikel kann das Zahlwort **bir** (ein) verwendet werden. Es steht direkt vor dem Substantiv, wird aber im Gegensatz zu diesem nicht dekliniert: **bir roman** (*ein Haus*) → **bir romanda** (*in einem Roman*).

Pluralbildung

Die Pluralbildung ist sehr einfach, da es keine unregelmäßigen Formen gibt. Der Plural wird immer mit dem Suffix **-ler/-lar** (kV) gebildet. Hat man die Regeln der

Vokalharmonie verinnerlicht, kann man jedes türkische Wort in den Plural setzen: **at** (*Pferd*) → **atlar** (*Pferde*), **inek** (*Kuh*) → **inekler** (*Kühe*).

Anders als im Deutschen kann die Mehrzahl auch ohne Pluralendung angezeigt werden. Verwendet man sie trotzdem, weist man damit auf die Verschiedenartigkeit von etwas hin:

ekmek aldım	*ich habe* ***Brot/Brote*** *gekauft*
ekmekler aldım	*ich habe* ***viele verschiedene*** *Brote gekauft*

Die Pluralendung ist weiterhin obsolet, wenn vor dem Substantiv bereits ein Zahlwort oder ein Mengenadjektiv steht, wie z. B. **çok** (*viel*) und **az** (*wenig*): **Burada çok insan var.** (*Hier gibt es viele Menschen.*).

DIE DEKLINATION DER SUBSTANTIVE

Das Türkische kennt sechs Fälle, davon hat einer - der Nominativ - keine Endung. Alle anderen Fälle werden durch das Anhängen der entsprechenden Suffixe an das Substantiv gebildet.

Die in Klammern angegebenen Konsonanten sind Bindekonsonanten (s. S. 13), die notwendig sind, wenn das Suffix an ein Wort angehängt wird, das auf einen Vokal endet.

Nominativ (endungsloser Fall)	**-**	araba ((*das*) *Auto*)
Genitiv (in-Fall)	**-(n)in, -(n)ın, -(n)ün, -(n)un** (gV)	araba**nın** (*des Autos*)
Akkusativ (i-Fall)	**-(y)i, -(y)ı, -(y)ü, -(y)u** (gV)	araba**yı** (*das Auto*)
Dativ (e-Fall)	**-(y)e, -(y)a** (kV)	araba**ya** (*zum Auto*)
Lokativ (de-Fall)	**-de/-da** (kV)	araba**da** (*im/beim Auto*)
Ablativ (den-Fall)	**-den/-dan** (kV)	araba**dan** (*vom Auto*)

Nominativ

Der Nominativ ist wie im Deutschen der Fall für das Subjekt eines Satzes. Im Türkischen steht jedoch auch das unbestimmte direkte Objekt im Nominativ; im Deutschen hingegen steht das direkte Objekt immer im Akkusativ.

Das Fragewort für den Nominativ ist **kim** (*wer*) und **ne** (*was*):

Kim geliyor? - Can.	*Wer kommt? - Can.*
Ne istiyorsun? - Kahve.	*Was willst du? - Kaffee.*

Akkusativ

Im Türkischen verwendet man den Akkusativ für das bestimmte direkte Objekt. Fragewörter für den Akkusativ sind **kimi?** (*wen?*) und **neyi?** (*was?*).

Can neyi seviyor? - Can sinemayı seviyor.
Was mag Can? - Can mag das Kino.

Can neyi görüyor? - Kediyi.
Was sieht Can? - Die Katze.

Dativ

Der Dativ wird wie im Deutschen für das indirekte Objekt verwendet. Fragewort: **kime?** (*wem?*).

Kime para verdin? - Bedri'ye. *Wem gabst du Geld? - Bedri.*

Er wird auch für die Angabe eines Zwecks verwendet. Fragewort: **neye?** *(wozu?, wofür?).*

Bu alet neye yarıyor? - Ölçmeye. *Wozu dient dieses Werkzeug? - Zum Messen.*

Mit dem Dativ wird außerdem das Ziel einer Bewegung oder Entwicklung angegeben; Fragewörter: **nereye?** (*wohin?*) und **kime?** (*zu wem?*).

Nereye gidiyorsun? - İzmir'e gidiyorum. *Wohin gehst du? - Ich gehe nach Izmir.*
Kime gidiyorsun? - Arda'ya. *Zu wem gehst du? - Zu Arda.*

Lokativ

Der Lokativ wird zur Ortsangabe verwendet. Fragewörter: **kimde?** (*bei wem?*) und **nerede?** (*wo?*).

Can kimde kalıyor? - Merve'de. *Wo bleibt/wohnt Can? - Bei Merve.*
Merve nerede çalışıyor? - Evde. *Wo arbeitet Merve? - Zu Hause.*

Der Lokativ wird auch zur Zeitangabe benutzt. Fragewort: **ne zaman?** (*wann?*).

Minar Sinan ne zaman doğdu? - 1490'de doğdu.
Wann wurde Mimar Sinan geboren? - Er wurde 1490 geboren.
Ne zaman buluşuyoruz? - (Saat) yedide.
Wann treffen wir uns? - Um sieben (Uhr).

Ablativ

Der Ablativ gibt den Ausgangspunkt oder den Ursprung einer Bewegung oder Entwicklung an. Fragewörter: **nereden?** (*woher? von wo?*), **kimden?** (*von wem?*).

Nereden geliyorsun? – Evden. *Woher kommst du? – Von zu Hause.*
Kimden geliyorsun? – Ali'den. *Von wem kommst du? – Von Ali.*

Der Ablativ wird auch verwendet, um eine Ursache oder eine Begründung anzugeben. Fragewort: **neden?** (*woran?, warum?*).

Neden titriyor? – Korkudan. *Warum zittert er? – Vor Angst.*

Genitiv

Der Genitiv antwortet auf die Frage **kimin?** (*wessen?*).

Bu kedi kimin? – Bedri'nin. *Wessen Katze ist das? – Bedris.*

DIE PRONOMEN

Die Personalpronomen

Die Genitivformen der türkischen Personalpronomen sind zugleich die türkischen Possessivpronomen (s. nächste Seite).

Nom.	ben	*ich*	sen	*du*	o	*er/sie/es*
Gen.	benim	*mein*	senin	*dein*	onun	*sein/ihr*
Akk.	beni	*mich*	seni	*dich*	onu	*ihn/sie/es*
Dat.	bana	*(zu) mir*	sana	*(zu) dir*	ona	*(zu) ihm/ihr*
Lok.	bende	*bei mir*	sende	*bei dir*	onda	*beim ihm/ihr*
Abl.	benden	*von mir*	senden	*von dir*	ondan	*von ihm/ihr*

Nom.	biz	*wir*	siz	*ihr/Sie*	onlar	*sie*
Gen.	bizim	*unser*	sizin	*euer/Ihr*	onların	*ihr*
Akk.	bizi	*uns*	sizi	*euch/Sie*	onları	*sie*
Dat.	bize	*(zu) uns*	size	*(zu) euch/Ihnen*	onlara	*(zu) ihnen*
Lok.	bizde	*bei uns*	sizde	*bei euch/Ihnen*	onlarda	*bei ihnen*
Abl.	bizden	*von uns*	sizden	*von euch/Ihnen*	onlardan	*von ihnen*

Die Possessivpronomen und -endungen

Im Türkischen gibt es Possessivpronomen und -endungen, wobei letztere bereits ausreichen, um eine Possessivbeziehung deutlich zu machen. Stellt man noch ein Possessivpronomen voran, geschieht dies meist, um eine zusätzliche Betonung zu schaffen: **Araban çok güzel.** (*Dein Auto ist sehr schön.*) – **Teşekkür ederim. Senin** araban da çok güzel. (Danke. **Dein** Auto ist auch sehr schön.)

Possessivpronomen	Possessivendungen	
benim	-(I)m (gV)	*mein*
senin	-(I)n (gV)	*dein*
onun	-(s)I (gV)	*sein/ihr*
bizim	-(I)mIz (gV)	*unser*
sizin	-(I)nIz (gV)	*euer/Ihr*
onların	-lArI (kV/gV)	*ihr*

Das Reflexivpronomen *kendi*

Das Reflexivpronomen **kendi** kann adjektivisch und substantivisch gebraucht werden. Adjektivisch gebraucht bedeutet es **mein/dein/sein eigenes** usw. → **Bu kendi evim.** (*Das ist mein eigenes Haus.*) und steht unverändert vor einem Substantiv mit Possessivendung. Bei substantivischem Gebraucht bekommt es eine Possessivendung und bedeutet **ich selbst, du selbst, er/sie selbst** usw. → **Kendim yapıyorum.** (*Ich mache es selbst.*).

kendi evim	*mein eigenes Haus*	kendim	*ich selbst*
kendi evin	*dein eigenes Haus*	kendin	*der, die, das da, diese/-r, -s*
kendi evi	*sein/ihr eigenes Haus*	kendisi	*er/sie/es selbst*
kendi evmiz	*unser eigenes Haus*	kendimiz	*wir selbst*
kendi eviniz	*euer/Ihr eigenes Haus*	kendiniz	*ihr/Sie selbst*
kendi evleri	*ihr eigenes Haus*	kendileri	*sie selbst*

Die Fragepronomen

Kim? – *Wer?*

Nach Personen fragt man mit dem Fragepronomen **kim?** (*wer?*). Es wird regelmäßig dekliniert und kann auch eine Pluralendung bekommen: **kimler?** (*wer alles?*) – auch diese wird normal dekliniert: **Kimler geliyor?** *Wer kommt alles?* **Kimleri gördün?** *Wen hast du alles gesehen?* usw.

Nom.	**kim? / kimler?**	*wer? / wer alles?*
Gen.	**kimin? / kimlerin?**	*wessen? (Sg. und Pl.)*
Akk.	**kimi? / kimleri?**	*wen? / wen alles?*
Dat.	**kime? / kimlere?**	*(zu) wem? (Sg. und Pl.)*
Lok.	**kimde? / kimlerde?**	*bei wem? (Sg. und Pl.)*
Abl.	**kimden? / kimlerden?**	*von wem? (Sg. und Pl.)*

Ne? - *Was?*

Nach Dingen und Ereignissen wird mit **ne?** (*was?*) gefragt. Die Bildung ist - bis auf den Genitiv Sg. - regelmäßig. Wie **kim** kann auch **ne** eine Pluralendung haben:

neler? (*was alles?*): **Neler gördün?** *Was hast du alles gesehen?*

Nom.	**ne?**	*was?*
Gen.	**neyin?**	*von was?*
Akk.	**neyi?**	*was (genau)?*
Dat.	**neye?**	*wozu? zu was?*
Lok.	**nede?**	*wobei? worauf?*
Abl.	**neden?**	*woraus?*

Hangi(si)? - *Welcher?*

Das Fragewort **hangi** (*welche(r), welches*) wird adjektivisch gebraucht und steht unverändert vor dem Bezugswort:

Hangi kravat daha güzel? *Welche Krawatte ist schöner?*

Hangi kann die Possessivendung der 3. Pers. **-si** erhalten und wird dann substantivisch gebraucht: **hangisi** (**welche(r)/welches von ihnen**). **Hangisi** fragt nach einer bestimmten Person oder Sache aus einer Gruppe, auf die sich die Possessivendung bezieht.

Hangisi daha tatlı? Bal mı veya şeker mi? *Was ist süßer? Honig oder Zucker?*

Infolge der Possessivendung erscheint bei der Deklination von **hangisi** das pronominale **n**:

Hangisini almak istiyorsunuz? *Welches möchten Sie kaufen?*

Die Indefinitpronomen

Indefinitpronomen bezeichnen eine unbestimmte Menge von Personen oder Dingen. Es gibt adjektivische und substantivische Indefinitpronomen. Im Türkischen sind viele substantivische Indefinitpronomen aus Adjektiven oder Pronomen durch das Antreten einer Possessivendung der 3. Pers. gebildet, z. B. **biri** (*jemand*) aus **bir** (*ein*), **bazısı** (*mancher einer*) aus **bazı** (*manch ein*) oder **kimi** (*mancher*) aus **kim** (*wer*). In der Deklination erscheint bei diesen Wörtern das pronominale **n**:

	jemand		manch einer	alle/alles
Nom.	biri	birisi	kimi	hepsi
Gen.	birinin	birisinin	kiminin	hepsinin
Akk.	birini	birisini	kimini	hepsini
Dat.	birine	birisine	kimine	hepsine
Lok.	birinde	birisinde	kiminde	hepsinde
Abl.	birinden	birisinden	kiminden	hepsinden

DAS VERB

Verbstamm und Infinitiv

Der Infinitiv des türkischen Verbs besteht aus dem Verbstamm und der Infinitivendung **-mAk** (kV). Der Verbstamm bleibt beim Antritt von Endungen immer unverändert.

Verbstamm	Infinitivendung	Infinitiv	
gel-	-mek	gelmek	*kommen*
sür-	-mek	sürmek	*dauern*
al-	-mak	almak	*nehmen*
sor-	-mak	sormak	*fragen*

Das verneinte Verb

Im Türkischen werden Verben nicht durch ein Wort wie das deutsche *nicht* verneint, sondern durch eine Negationsendung, die an den Verbstamm antritt.

Die Negationsendung lautet **-mA** (kV). Alle Verbstämme können die Negationsendung erhalten, auch Verbstämme, die durch eine Wortbildungsendung erweitert sind, wie passive oder kausative Verbstämme.

gelmek	→	gel**me**mek	*nicht kommen*
sürmek	→	sür**me**mek	*nicht dauern*
almak	→	al**ma**mak	*nicht nehmen*
sormak	→	sor**ma**mak	*nicht fragen*

Durch die Anfügung der Negationsendung an den Verbstamm wird ein neuer Verbstamm gebildet: der verneinte Verbstamm.

gelmek, Stamm: **gel-** → **gelmemek**, Stam: **gelme-**

Die Zusammensetzung des finiten Verbs

Ein finites Verb ist eine Verbform, welche die Funktion des Prädikats in einem Hauptsatz erfüllt. Finite Verben sind im Türkischen bestimmt hinsichtlich der Person sowie der Zeit (z. B. Präsens, Futur) oder des Modus (z. B. Notwendigkeitsform, Wunschform). Diese Bestimmungen erfolgen beim türkischen Verb durch Endungen, die an den Verbstamm angehängt werden. Ein türkisches finites Verb hat folgende Zusammensetzung:

	Verb-stamm	Zeit-/Modusendung	Personal-endung
geliyorum *ich komme*	gel-	-iyor Präsensendung	-um Endung für *ich*
gelmediniz *ihr seid nicht gekommen*	gelme-	-di Vergangenheitsendung	-niz Endung für *ihr*
gelmelisin *du sollst kommen*	gel-	-meli Endung der Notwendigkeitsform	-sin Endung für *du*

Die einzige finite Verbform ohne Zeit- oder Modusendung ist der Imperativ.

Die Personalendungen

Bei jedem türkischen finiten Verb wird die Person durch eine Personalendung am Ende des Verbs wiedergegeben. Die Nennung des Personalpronomens als Subjekt vor dem finiten Verb ist daher nicht nötig. Das finite Verb kann für sich schon ein vollständiger Satz sein. Personalpronomen als Subjekte fallen oft weg und werden eher zur Betonung oder Hervorhebung gebraucht:

Ben geliyorum. → **Geliyorum.** *Ich komme.*
Onlar geldiler. → **Geldiler.** *Sie kamen.*

Personalendungen des Typ 1 und Typ 2

Personalpronomen		Personalendung Typ 1	Personalendung Typ 2
ben	*ich*	-(y)Im (gV)	-m
sen	*du*	-sIn (gV)	-n
o	*er/sie/es*	-	-
biz	*wir*	-(y)Iz (gV)	-k
siz	*ihr/Sie*	-sInIz (gV)	-nIz (gV)
onlar	*sie*	(-lAr) (kV)	(-lAr) (kV)

Die **Personalendungen des Typs 1** verwendet man für Präsens, Aorist, die miş-Vergangenheit, Futur, Notwendigkeitsform und für die mit -miş zusammengesetzten Zeitformen. Das **y** in den Personalendungen der 1. Pers. Sg. und Pl. kommt nur vor, wenn die Endungen an einen Vokal antreten.

Die **Personalendungen des Typs 2** werden bei der di-Vergangenheit, bei den mit -di erweiterten Zeitformen, der Konditional-Wunschform und bei den Konditionalformen verwendet. Die 3. Pers. Sg. hat in beiden Fällen keine Endung.

MODI

Da das Türkische über sehr viele Modi verfügt, erfolgt an dieser Stelle nur ein kurzer Überblick mit Beispielen über die in diesem Buch vorkommenden Formen.

Modi mit Zeitangaben

	Beispiele (positive Aussage)	Beispiele (negative Aussage)
Die „erfahrene" Vergangenheit auf -mİş	**Lea Türkiye'de tatil yapmış.** *Lea hat in der Türkei Urlaub gemacht.* (Man hat es nicht gesehen, sondern von Lea oder einer dritten Person erfahren.)	**Lea bu yıl tatil yapmamış.** *Lea hat dieses Jahr keinen Urlaub gemacht.*
Die „erlebte" Vergangenheit auf -Dİ	**Ben çok iyi Türkçe öğrendim.** *Ich habe sehr gut Türkisch gelernt.*	**Ben bu akşam maç seyretmedim.** *Ich habe heute Abend kein Spiel angeschaut.*

yor-Präsens	Sen bahçede ne yapı**yor**sun? *Was machst du im Garten?* Kitap ok**uyor**um. *Ich lese ein Buch.*	Bizimle sinemaya gelmek iste**miyor** musun? *Möchtest du nicht mit uns ins Kino kommen?*
Futur	Baba, bu yıl nereye gid**eceğ**iz? *Papa, wo werden wir dieses Jahr hinfahren?*	Çocuklar, bu yıl Türkiye'ye git**meyeceğ**iz. *Kinder, wir werden dieses Jahr nicht in die Türkei fahren.*
Aorist	Onlar yazın çok yüz**er**ler. *Sie schwimmen im Sommer viel.*	Onlar kışın yüz**mez**ler. *Sie schwimmen im Winter nicht.*

Modi mit Befehls- und Wunschformen

	Beispiele (positive Aussage)	Beispiele (negative Aussage)
Notwendigkeitsform	Siz daha çok spor yap**malı**sınız. *Sie sollten mehr Sport machen.*	Çok hastasınız. Artık sigara iç**memeli**siniz. *Sie sind sehr krank. Sie sollten nicht mehr rauchen.*
Wunschformen (Im Alltag mehr 1. P. Sg und Pl.)	Optativ (ben ...) Ben bir Adana kebabı al**ayım** lütfen. *Ich nehme bitte einen Adana-Kebap.*	Voluntativ (biz ...) Bu akşam ne yapalım? Lokantaya gidelim mi? *Was wollen wir heute Abend machen? Wollen wir ins Restaurant gehen?*
Befehlsformen	Sen pazardan 1 kilo domates **al**. *Kauf auf dem Markt ein Kilo Tomaten.* O bana biraz yardım et**sin**. *Er/Sie soll mir bisschen helfen.*	Sen ekmek al**ma**, ben aldım. *Kauf kein Brot, ich habe (es schon) gekauft.* Siz üzül**meyin**. *Seid nicht traurig.*
Bedingungsform	(z.B. bei Wunschsätzen) Keşke daha büyük bir evde otur**sa**m! *Wenn ich doch in einem größeren Haus wohnen würde!*	Keşke tatil hiç bit**me**se! *Wenn doch die Ferien nie zu Ende gehen würden!*

1

SICH VORSTELLEN

Diese 10 türkischen Wörter und Wendungen lernen Sie in dieser Lektion: 001

Kann ich

○	ben	ich	○	Almanya	*Deutschland*
○	ad	*Name; Vorname*	○	öğrenci	*Schüler/-in; Student/-in*

LOS GEHT'S

1 Hören Sie sich die einzelnen Sätze mit den Lernwörtern an und lesen Sie mit.

Mein Name ist Tom. Ich bin Deutscher. Ich lebe in Izmir.

Benim	adım		Tom.
Benim	ad	ım	Tom.
Mein	**Name**	**(mein ist)**	**Tom.**
Possessivpronomen (gV)		Poss.end. (gV), 1. P. Sg.	

Ich bin Student. Ich studiere Türkisch.

Öğrenciyim.		Türkçe	okuyorum.	
Öğrenci	yim.	Türkçe	oku	yorum.
Student	**ich bin.**	**Türkisch**	**studier-**	**-e ich.**
	Bindekonsonant **y** + Pers.end. Typ 1 (gV), 1. P. Sg.		Stamm von *okumak*	-(I)yor (gV), Präs., 1. P. Sg.

◯ Türkçe	*Türkisch*	◯ lütfen	*bitte*
◯ yaşamak	*leben, wohnen*	◯ yavaş	*langsam*
◯ okumak	*lesen; lernen, studieren*	◯ konuşmak	*sprechen*

Im Türkischen gibt es kein Verb, das dem deutschen *sein* entspricht. Eine Möglichkeit dieses „Problem" zu lösen ist, im Präsens die **Personalendung (Typ 1)** an das Prädikat anzuhängen.
Dieses kann ein Substantiv aber auch ein Adjektiv sein. Endet das Prädikat auf einen Vokal, muss man in manchen Formen ein **y** einfügen (s. S. 22).

(Ben) Alman'ım.		İzmir'de		yaşıyorum.	
(Ben) Alman'	ım.	İzmir	'de	yaş	ıyorum.
(Ich) Deutsche/-r	**ich bin.**	**Izmir**	**in**	**leb-**	**-e ich.**
	Pers.end. Typ 1 (gV), 1. P. Sg.		Lok. -DA (kV)	Stamm von *yaşamak*	+ -(I)yor (gV) Präs., Pers.end. Typ 1 (gV), 1. P. Sg.

Beim Stamm **yaşa** fällt das a weg, da **a** nicht vor **yor** stehen darf.

Bitte sprechen Sie langsam.

Lütfen	yavaş	konuşun.	
Lütfen	yavaş	konuş	un.
Bitte	**langsam**	**sprech-**	**-en Sie.**
		Stamm von *konuşmak*	Imperativ (gV), 2. P. Pl. Verbstamm + -(y)In

VERWANDTE WÖRTER

002

❶ Hören Sie sich folgende Wörter an und lesen Sie mit.

ben / benim	*ich / mein*	sen / senin	*du / dein*
		o / onun	*er/sie/es // sein/ihr*
		biz / bizim	*wir / unser*
		siz / sizin	*ihr/Sie // euer/Ihr*
		onlar / onların	*sie / ihr*
ad	*Vorname*	isim	*Nachname*
		soyadı	*Nachname*
		takma ad	*Spitzname*
		Benim adım ...	*Ich heiße ... / Mein Name ist ...*
		Senin adın ne? Sizin adınız ne?	*Wie heißt du?* *Wie heißen Sie?*
Alman	*Deutsche/-r*	İsviçreli	*Schweizer/-in*
		Avusturyalı	*Österreicher/-in*
		Türk	*Türke/Türkin*
		Amerikalı	*Amerikaner/-in*
		İskoçyalı	*Schotte/Schottin*
		İrlandalı	*Ire/Irin*
		Slovakyalı	*Slowake/Slowakin*
		Çek	*Tscheche/Tschechin*
		Polonyalı	*Pole/Polin*

yaşamak	*leben, wohnen*	oturmak	*wohnen*
öğrenci	*Schüler/in, Student/in*	değişim öğrencisi	*Austauschstudent/-in*
		öğrenci kimlik kartı	*Schülerausweis, Studentenausweis*
		öğretmen	*Lehrer/-in*
		doçent	*Dozent/-in*
		profesör	*Professor/-in*
Türkçe	*Türkisch*	Almanca	*Deutsch*
		İngilizce	*Englisch*
		yabancı dil	*Fremdsprache*
okumak	*lesen; studieren; lernen*	öğretmek	*unterrichten, lehren*
		öğrenmek	*lernen*
yavaş	*langsam*	hızlı	*schnell*
		çabuk	*schnell*
konuşmak	*sprechen*	söylemek	*sagen*
		sormak	*fragen*

ÜBEN

1 Verbinden Sie die passenden Wörter.

1. Türkçe	a) sich freuen
2. isim	b) schnell
3. çabuk	c) Deutsche/-r
4. okumak	d) Türkisch
5. Alman	e) leben, wohnen
6. yaşamak	f) studieren, lernen
7. öğrenci	g) Schüler/-in, Student/-in
8. sevinmek	h) Name

2 Ergänzen Sie die fehlenden Wörter, Wortteile oder Endungen.

1. Benim _______ Meryem.	Mein Name ist Meryem.
2. _______ Özdilek.	Mein Nachname ist Özdilek.
3. Türk___.	Ich bin Türkin.
4. Öğrenci___.	Ich bin Studentin.
5. İngilizce ________ .	Ich studiere Englisch.
6. Londra'___ otur_____.	Ich wohne in London
7. Lütfen _______ konuş___.	Bitte sprechen Sie langsam.

WIEDERHOLUNG

3 Lesen Sie jetzt den folgenden Text auf Türkisch.

1. Benim adım Suzan.
2. Takma adım Suzi.
3. Ankara'da yaşıyorum, doçentim.
4. Yabancı dil öğretiyorum.
5. Senin adın ne?

4 Übersetzen Sie nun die Sätze ins Deutsche.

1. ______________________________
2. ______________________________
3. ______________________________
4. ______________________________
5. ______________________________

5 Jetzt können Sie auf der ersten Seite des Kapitels alle Wörter, die Sie gelernt haben, abhaken.

2

ANDERE VORSTELLEN

Diese 10 türkischen Wörter und Wendungen lernen Sie in dieser Lektion:

003

Kann ich

◯ tanıştırmak	*vorstellen*	◯ arkadaş	*Freund/-in*
◯ bu	*das, dies*	◯ kendisi	*er/sie/es (selbst)*

LOS GEHT'S

1 Hören Sie sich die einzelnen Sätze mit den Lernwörtern an und lesen Sie mit.

Darf ich vorstellen? Das ist meine Freundin Pia. Sie ist Schriftstellerin.

Tanıştırayım.		Bu arkadaşım			
Tanıştır	ayım.	Bu,	arkadaş	ım	
Vorstell-	**-en lassen Sie mich.**	**Dies**	**Freundin**	**meine**	
Stamm von *tanıştırmak*	Optativ (kV), Pers.end. Typ 1, 1. P. Sg. (gV)			Poss.end. (gV), 1. P. Sg.	

Sehr erfreut, Pia. Bist du auch Deutsche?

Memnun	oldum,		Pia.	Sen	de	Alman mısın?		
Memnun	ol	dum,	Pia.	Sen	de	Alman	mı	sın?
Erfreut	**werd-**	**(geworden)bin ich,**	**Pia.**	**Du**	**auch**	**Deutsche**	**?**	**bist**
	Stamm von *olmak*	di-Vergangenheit (gV), Pers.end. Typ 2 1. P. Sg.					Fragepartikel mI (gV) + Pers.end. Typ 1 (gV), 2. P. Sg.	

◯ yazar	*Schriftsteller/-in*	◯ da/de (kV)	*auch*
◯ memnun	*erfreut*	◯ hayır	*nein*
◯ olmak	*werden, sein*	◯ gelmek	*kommen*

Das Suffix **-li** gehört zu den am häufigsten verwendeten im Türkischen. Je nach Kontext hat es unterschiedliche Bedeutungen. Die gebräuchlichste Übersetzung lautet *mit* (z. B. sekerli → *mit Zucker*). Im vorliegenden Fall dient es der Beschreibung der Herkunft/Nationalität: Avustralyalı → *Australier/-in;* Berlinli → *Berliner/-in* oder *aus Berlin.* Nach **-li** wird kein Apostoph gesetzt.

Pia.	Kendisi	yazar.
Pia.	Kendisi	yazar.
Pia (ist).	**Sie (selbst)**	**Schriftstellerin (ist).**
		keine Pers.end. bei 3. P. Sg.

Nein, ich bin Schweizerin. Ich komme aus Bern.

Hayır,	İsviçreliyim.			Bern'den		geliyorum.	
Hayır,	İsviçre	li	yim.	Bern'	den	gel	iyorum.
Nein,	**Schweiz**	**-er/-in**	**ich bin.**	**Bern**	**aus**	**komm-**	**-e ich.**
		-li (-lı, -lu, -lü) (gV), Wortbildungssuffix (wörtl.: *mit*)	Pers. end. Typ 1 (gV), 1. P. Sg.		Abl. -DAn (kV)	Stamm von *gelmek*	-(I)yor (gV), Präs., 1. P. Sg.

VERWANDTE WÖRTER

004

1 Hören Sie sich folgende Wörter an und lesen Sie mit.

tanıştırmak	*einander vorstellen*	tanımak	*kennen*
		kendini tanıtmak	*sich vorstellen*
Bu ...	*Das ist ... (Vorstellen einer Person)*	bu *(nah beim Sprecher)*	*diese/-r/-s hier; der / die / das hier;*
		şu (Sg.) *(weiter weg vom Sprecher)*	*diese/-r/-s da; der / die / das da*
		o (Sg.) *(noch weiter weg vom Sprecher)*	*jene/-r/-s da; der / die / das dort*
arkadaş	*Freund/-in*	dost	*Freund/-in*
		en iyi arkadaş	*beste/-r Freund/-in*
		biriyle arkadaş olmak	*sich mit jmdm. anfreunden (wörtl. mit jmdm. Freunde werden)*
		arkadaşlık	*Freundschaft*
kendi(si)	*er/sie/es selbst*	başka(sı)	*jmd. anderes*
yazar	*Schriftsteller/-in*	yazmak	*schreiben*
		roman	*Roman*
		şiir	*Gedicht*
		editör	*Redakteur/-in*
		tercüman	*Übersetzer/-in*
		yayıncı	*Verleger/-in*

		basın evi	*Verlag*
memnun	*erfreut*	mutlu	*froh*
olmak	*werden*	oldu!	*fertig!*
da/de	*auch*	dahi	*auch*
hayır	*nein*	evet	*ja*
		hayır demek	*verneinen*
		evet demek	*bejahen*
gelmek	*kommen; kommen aus (Herkunft)*	-li	*(dient der Beschreibung der Nationalität oder Herkunft aus einem Land, einem Ort oder einer Region)*
		Avusturyalı	*Österreicher/-in*
		Amerikalı	*Amerikaner/-in*
		Hollandalı	*Niederländer/-in*
		Hintli	*Inder/-in*
		İngiliz	*Engländer/-in*
		Bulgar	*Bulgare/Bulgarin*
		Reykjavikli	*aus Reykjavik*
		Samsunlu	*aus Samsun*

Achtung!
Nationalitäten werden nicht nur mit dem Suffix **-li** gebildet. Daneben gibt es noch Varianten mit **-ız/-iz** (häufig, wenn der Ländername auf Konsonant + Vokal endet): **Fransa** → **Fransız** → *Franzose/ Französin*. Endet der Ländername auf **-ıstan/-istan** wird für die Nationalität häufig nur der Wortstamm verwendet: **Macaristan** → **Macar** → *Ungar/-in*.

ÜBEN

1 Verbinden Sie die passenden Wörter.

1. arkadaş	a) erfreut
2. memnun	b) diese/-r/-s hier
3. bu	c) kommen
4. şu	d) Freund/-in
5. o	e) schreiben
6. gelmek	f) diese/-r/-s dort
7. yazmak	g) er / sie / es selbst
8. kendi(si)	h) diese/-r/-s da

2 Ergänzen Sie die fehlenden Wörter, Wortteile oder Endungen.

1. Tanıştır____ .	Darf ich vorstellen?
2. Bu ______ Bojan.	Das ist mein Freund Bojan.
3. ______ yazar.	Er ist Schriftsteller.
4. ______ oldum!	Sehr erfreut!
5. Türk ______ ?	Bist du Türke?
6. ______ Türk ______im.	Nein, ich bin nicht Türke.
7. ______'ım.	Ich bin Bulgare.
8. Varna'____ gel____.	Ich komme aus Warna.

WIEDERHOLUNG

3 Lesen Sie jetzt den folgenden Text auf Türkisch.

1. Bunlar en iyi arkadaşlarım Fevzi ve Sibel.
2. Fevzi tercüman ve Sibel editör.
3. Basın evinde çalışıyorlar.
4. Şu da iş arkadaşım Raj.
5. Kendisi Hintli. Jaipur'dan geliyor.

4 Übersetzen Sie nun die Sätze ins Deutsche.

1. ____
2. ____
3. ____
4. ____
5. ____

5 Jetzt können Sie auf der ersten Seite des Kapitels alles Wörter, die Sie gelernt haben, abhaken.

BEGRÜSSEN UND SMALL TALK

Diese 10 türkischen Wörter und Wendungen lernen Sie in dieser Lektion: 005

Kann ich

○	Günaydın	*Hallo*	○	Nasılsınız?	*Wie geht es Ihnen?*
○	hanm	*Frau/Dame (höfl. Anrede)*	○	bey	*Herr (höfl. Anrede)*

LOS GEHT'S

1 Hören Sie sich die einzelnen Sätze mit den Lernwörtern an und lesen Sie mit.

Guten Morgen (Frau) Suzan! Wie geht es Ihnen?

Günaydın	Suzan	Hanım!	Nasılsınız?	
Günaydın	Suzan	Hanım!	Nasıl	sınız?
Guten Morgen	**Suzan**	**Hanım!**	**Wie**	**Sie sind?** Pers. end Typ 1 (gV), 2. P. Pl.

Auf Türkisch sprechen Sie Menschen, die Sie siezen nicht mit dem Nachnamen sondern mit dem Vornamen + **hanım** *(Dame)* bzw. **bey** *(Herr)* an. Duzt man die Person, nennt man nur den Vornamen.

Hallo Tom. Mir geht es gut,

Merhaba	Tom.	İyiyim,	
Merhaba	Tom.	İyi	yim,
Hallo	**Tom.**	**Gut**	**ich bin,** Pers. end. Typ 1 (gV), 1. P. Sg.

◯ Merhaba	*Hallo/Guten Tag*	◯ etmek	*machen/tun*
◯ İyi	*gut*	◯ her şey	*alles*
◯ teşekkür	*Dank*	◯ okey	*okay*

Mir geht es auch gut. Es ist alles okay!

Ben	de	iyiyim.		Her	şey	okey!
Ben	de	iyi	yim.	Her	şey	okey!
Ich	**auch**	**gut**	**ich bin**	**Jede/-r/-e**	**Sache**	**okay (ist)!**
	-dA (kv)		Bindekonsonant y + Pers.end. Typ 1 (gV), 1. P. Sg.			Im Türkischen kann ein Adjektiv als Prädikat verwendet werden. Es steht dann hinter dem Wort auf das es sich bezieht und wird nicht dekliniert.

danke! Wie geht es dir?

	teşekkür	ederim.		Sen	nasılsın?	
	teşekkür	ed	erim.	Sen	nasıl	sın?
	Dank	**mach-**	**-e ich.**	**Du**	**wie**	**bist?**
		Stamm von *etmek* Achtung! ***Etmek*** ist eines der wenigen unregelmäßgen Verben im Türkischen. In manchen flektierten Formen wird das **t** des Stammes zu **d**.	Aorist, hier (kV), 1. P. Sg.			Pers.end. Typ 1 (gV), 2. P. Sg.

VERWANDTE WÖRTER

006

1 Hören Sie sich folgende Wörter an und lesen Sie mit.

Günaydın!	*Guten Morgen!*	İyi günler!	*Guten Tag! (Begrüßung); Schönen Tag noch! (Verabschiedung)*
		İyi akşamlar!	*Guten Abend! (Begrüßung); Schönen Abend noch! (Verabschiedung)*
		Güle güle! (als Verabschiedende/-r)	*Auf Wiedersehen! (sinngem. (geh/geht/gehen Sie) lachend)*
		Allah'a ısmarladık! (als Gehende/-r)	*Auf Wiedersehen! (wörtl. wir haben [dich] Gott befohlen)*
hanım	*Dame; als Anrede: Frau ...*		
Nasılsınız?	*Wie geht es Ihnen*	Nasılsın?	*Wie geht es dir?*
bey	*Herr*		
merhaba	*guten Tag, hallo*	Selam! (informell)	*Grüß dich!/euch!*
		Görüşürüz! (informell)	*Wir sehen uns!*
		Hoşça kal! (Sg.)	*Tschüss! / Mach's gut!*
		Hoşça kalın! (Pl.)	*Tschüss! / Macht's gut! / Machen Sie es gut*
iyi	*gut*	iyiyim	*mir geht es gut*

Mit Eigennamen werden **hanım** und **bey** groß geschrieben.

		iyi değilim	*mir geht es nicht gut*
		iyi misin? / iyi misiniz?	*geht es dir gut? geht es Ihnen gut?*
teşekkür	*Dank*	teşekkür etmek	*danken*
		Teşekkür ederim!	*Danke!*
		Teşekkürler!	*Danke!*
etmek	*machen*		

Achtung! **Etmek** ist eines der wenigen unregelmäßigen Verben im Türkischen. In manchen Zeitformen, z. B. auch im Präsens, wird das **t** des Verbstammes durch den Konsonantenwandel zu **d**: **etmek** → **ed**iyorum.

		Çok teşekkürler!	*Vielen Dank!*
		Sağ ol! *(geduzt)* / Sağ olun ! *(gesiezt oder Plural)*	*Vielen Dank!*
		Bir şey değil!	*Bitte schön! / Nichts zu danken!*
her şey	*alles*	her	*jede/-r/-s;*
		hiç	*nichts; gar nicht*
		bir	*ein*
		hiç bir	*gar kein*
		bir şey	*etwas*
		hiç bir şey	*nichts*
okey	*okay*	tamam	*in Ordnung!*
		her şey yolunda	*alles in Ordnung!*

ÜBEN

1 Verbinden Sie die passenden Wörter.

1. hanım	a) alles
2. Hoşça kal!	b) Guten Abend!
3. her şey	c) Herr
4. bey	d) machen
5. etmek	e) Guten Morgen!
6. İyi akşamlar!	f) nichts
7. hiç bir şey	g) Dame
8. Günaydın!	h) Mach's gut

2 Ergänzen Sie die fehlenden Wörter, Wortteile oder Endungen.

1. Günay____, Tom!	Guten Morgen, Tom!
2. _______ ?	Wie geht es dir?
3. ___yim.	Mir geht es gut.
4. Siz nasıl___?	Wie geht es Ihnen?
5. Ben ___ iyiyim, teşekkür ______ .	Mir geht es auch gut, danke.
6. Hey ___ yol_____!	Es ist alles in Ordnung!

WIEDERHOLUNG

3 Lesen Sie jetzt den folgenden Text auf Türkisch.

1. Merhaba Can, merhaba Dilek, nasılsınız?
2. Biz çok iyiyiz!
3. Sen nasılsın, iyi misin?
4. Sağ olun! Ben de iyiyim.
5. Görüşürüz!

4 Übersetzen Sie nun die Sätze ins Deutsche.

1. ____________________
2. ____________________
3. ____________________
4. ____________________
5. ____________________
6. ____________________

5 Jetzt können Sie auf der ersten Seite des Kapitels alles Wörter, die Sie gelernt haben, abhaken.

ÜBER DAS BEFINDEN SPRECHEN

Diese 10 türkischen Wörter und Wendungen lernen Sie in dieser Lektion:

007

Kann ich

◯ ne haber?	*wie geht's?, was gibt's (Neues)?*	◯ değil	*nicht (ist)*
◯ ama	*aber*	◯ şöyle böyle	*so la la; es geht so*

LOS GEHT'S

1 Hören Sie sich die einzelnen Sätze mit den Lernwörtern an und lesen Sie mit.

Grüß dich Nilüfer, wie geht's?

Selam	Nilüfer,	ne	haber?
Selam	Nilüfer,	ne	haber?
Grüß dich	Nilüfer,	**was**	**Nachricht?**

Ne haber? wird umgangs- oder alltagssprachlich häufig abgekürzt zu **n'aber?**

Mir geht es gut, aber Ünal geht es nicht gut.

Ben	iyiyim,		ama	Ünal	iyi	değil.
Ben	iyi	yim,	ama	Ünal	iyi	değil.
Ich	**gut**	**ich bin,**	**aber**	**Ünal**	**gut**	**nicht (ist).**
		Bindekonsonant **y** + Pers.end. Typ 1 (gV), 1. P. Sg.				keine Pers.end. bei 3. P. Sg.

◯ gün	*Tag*	◯ hasta	*krank*
◯ yorgun	*müde*	◯ vah vah	*oh je*
◯ galiba	*wahrscheinlich*	◯ Geçmiş olsun!	*Gute Besserung!*

Es geht so, er ist jeden Tag sehr müde.

Şöyle böyle,		her	gün	çok	yorgun.
Şöyle	böyle,	her	gün	çok	yorgun.
So	**so,**	**jeden**	**Tag**	**sehr**	**müde (er ist).** keine Pers.end. bei 3. P. Sg.

Vermutlich ist er krank.

Galiba	hasta.
Galiba	hasta.
Vermutlich	**krank (er ist).** keine Pers. end. bei 3. P. Sg.

Oh je, gute Besserung!

Vah vah,	geçmiş		olsun.	
Vah vah,	geç	miş	ol	sun.
O je,	**vorüberge-** Stamm von *geçmek*	**gangen** Partizip/Mittelwort mit **mIş**; drückt aus, dass etwas geschehen soll	**sein**	**soll es .**
			Stamm von *olmak* + Imperativ (gV), 3. P. Sg.	

VERWANDTE WÖRTER

008

1 Hören Sie sich folgende Wörter an und lesen Sie mit.

ne haber	*was gibt's*	haber	*Nachricht*
		ne var ne yok?	*was gibt's (wörtl. was gibt's, was gibt's nicht?)*
ama	*aber, jedoch*	fakat	*aber, jedoch*
		halbuki	*aber, jedoch*
değil	*nicht*	değil mi?	*nicht wahr?*
		asla	*ganz und gar nicht*
şöyle böyle	*es geht; mittelmäßig; nicht besonders*	pek iyi değil	*nicht sehr gut*
gün	*Tag*	hafta	*Woche*
		ay	*Monat*
		yıl	*Jahr*
		sene	*Jahr*
yorgun	*müde*	yorgun olmak	*müde sein*
		yorgunluk	*Müdigkeit*
galiba	*wahrscheinlich, vermutlich*	belki	*vielleicht*
		herhâlde	*wahrscheinlich*

hasta	*krank*	hasta olmak	*krank sein*
		hastalık	*Krankheit*
		iyi	*gesund (als Gegensatz zu krank)*
		sağlıklı	*gesund (im Allgemeinen)*
		sıhhatli	*gesund (im Allgemeinen)*
		iyileşmek	*gesund werden*
vah vah	*o je*	tüh!	*verflixt!*
		yapma!	*oh nein*
geçmiş olsun	*gute Besserung*	acil şifalar	*baldige Genesung*
		şifa	*Genesung*
		acil	*baldig*
		düzelmek	*besser gehen*

ÜBEN

1 Verbinden Sie die passenden Wörter.

1. değil	a) Grüß dich!
2. gün	b) wahrscheinlich
3. yorgun	c) Tag
4. ama	d) oh je
5. selam	e) krank
6. galiba	f) aber
7. vah vah	g) nicht
8. hasta	h) müde

2 Ergänzen Sie die fehlenden Wörter, Wortteile oder Endungen.

1. Ne ____ ne yok, Maya?	Was gibt Neues Maya?
2. Şöyle ______ .	Es geht so.
3. Ali de ___ iyi değil.	Ali geht es auch nicht besonders gut.
4. Her gün çok ______ .	Er ist jeden Tag sehr müde.
5. ______ hastayız.	Vielleicht sind wir krank.
6. _____ _____!	Oh je!

WIEDERHOLUNG

3 Lesen Sie jetzt den folgenden Text auf Türkisch.

1. Merhaba Berk, ne var ne yok?
2. Mia hasta, değil mi?
3. Evet, hiç iyi değil.
4. Inşallah iyileşir.
5. Geçmiş olsun!

4 Übersetzen Sie nun die Sätze ins Deutsche.

1. ______________________________
2. ______________________________
3. ______________________________
4. ______________________________
5. ______________________________
6. ______________________________

5 Jetzt können Sie auf der ersten Seite des Kapitels alle Wörter, die Sie gelernt haben, abhaken.

NACH PERSONEN UND DINGEN FRAGEN

Diese 10 türkischen Wörter und Wendungen lernen Sie in dieser Lektion:

009

✓ **Kann ich**

○	ne?	*was?*	○	kitap	*Buch*
○	bir	*ein/-e*	○	bunlar	*diese, das alles*

LOS GEHT'S

1 Hören Sie sich die einzelnen Sätze mit den Lernwörtern an und lesen Sie mit.

Was ist das?

Bu ne?	
Bu	ne?
Das	**was (ist)?** keine Pers.end. bei 3. P. Sg.

Das ist ein Buch.

Bu (bir) kitap.		
Bu	(bir)	kitap.
Das	**(ein)**	**Buch (ist).** keine Pers.end. bei 3. P. Sg.

Was ist das alles?

Bunlar ne?	
Bunlar	ne?
Das alles	**was (alles) (sind)?** Auf die Endung **-lAr** wird in der Regel verzichtet, da die Pluralendung des vorangehenden **bunlar** bereits kennzeichnet, dass es sich um eine Mehrzahl an Dingen oder Personen handelt.

Das sind Bücher.

Bunlar kitap.	
Bunlar	kitap.
Das alles	**Buch (sind).** (s. Tabelle links)

kahve	*Kaffee*	kahve tozu	*Kaffeepulver*
		kahve makinesi	*Kaffeemaschine*
		Türk kahvesi	*türkischer Mokka*
		filtre kahve	*Filterkaffee*
sütlü	*mit Zucker*	limonlu	*mit Zitrone*
şekerli	*mit Milch*	sade	*schwarz*
içmek	*trinken*	höpürdetmek	*schlürfen*
		üflemek	*pusten*
		sıcak	*heiß*
kakao	*Kakao*	kakao tozu	*Kakaopulver*
sevmek	*lieben*	tercih etmek	*bevorzugen*
yumurta	*Ei*	katı	*hart (gekocht)*
		yumuşak	*weich*
		sahanda yumurta	*Spiegelei; Rührei*
		omlet	*Omelett*
tost ekmeği	*Toastbrot*	kızartmak	*toasten*
		ekmek	*Brot*
		baget	*Baguette*
		kara ekmek	*Schwarzbrot, Vollkornbrot*

ÜBEN

1 Verbinden Sie die passenden Wörter.

1. kahve	a) Frühstück
2. kahvaltı	b) Kaffee
3. yemek	c) mögen
4. yumurta	d) trinken
5. veya	e) oder
6. içmek	f) Ei
7. sevmek	g) Abendessen
8. akşam yemeği	h) essen

2 Ergänzen Sie die fehlenden Wörter, Wortteile oder Endungen.

1. ______da kahve içiyorum.	Zum Frühstück trinke ich Kaffee.
2. Mustafa çay ______ .	Mustafa mag Tee.
3. Akşamları çay ______ ediyorum.	Abends bevorzuge ich Tee.
4. ______ yemeğinde ekmek yiyorum.	Zum Abendessen esse ich Brot.
5. Yumurta ______ pişmiş.	Das Ei ist hart gekocht.
6. Mustafa ______ seviyor.	Mustafa mag Omelett.
7. Çocuklar ______ içiyor.	Die Kinder trinken Milch.

WIEDERHOLUNG

3 Lesen Sie jetzt den folgenden Text auf Türkisch.

1. Sabahları kahve içiyorum.
2. Kahve makinesi yeni.
3. Çok güzel kahve yapıyor.
4. Kahveyi sütlü ve şekerli seviyorum.
5. Çok sıcak! Üflüyorum.

4 Übersetzen Sie nun die Sätze ins Deutsche.

1. ______________________________
2. ______________________________
3. ______________________________
4. ______________________________
5. ______________________________

5 Jetzt können Sie auf der ersten Seite des Kapitels alle Wörter, die Sie gelernt haben, abhaken.

PENDELN ZUR ARBEIT UND ZUR SCHULE

Diese 10 türkischen Wörter und Wendungen lernen Sie in dieser Lektion: 021

Kann ich

○ büro	*Büro*	○ ile / -(y)la/-(y)le	*mit*
○ araba	*Auto*	○ yakında	*in der Nähe*

LOS GEHT'S

1 Hören Sie sich die einzelnen Sätze mit den Lernwörtern an und lesen Sie mit.

Ins Büro fahre ich mit dem Auto.

Büro	ya	arabayla		gidiyorum.	
Büro	ya	araba	yla	gid	iyorum.
Büro	**zum**	**Auto**	**mit**	**fahr-**	**-e ich.**
	Dat. -A (kV)			Stamm von *gitmek*	-(I)yor (gV), Präs., 1. P. Sg.

Die Präposition **ile** (*mit*) wird oft verkürzt zu **-(y)la/-(y)le** (kV) und – im Gegensatz zu **ile** – direkt an das Wort angehängt. Endet das Wort auf einen Vokal, wird ein **y** eingeschoben: **araba ile** → **arabayla**, aber: **otobüs ile** → **otobüsle**.

Uğurs Büro ist nah.

Uğur'un		bürosu		yakında.
Uğur'	un	büro	su	yakında.
Uğur	**s**	**Büro**		**nah (ist).**
	Genitiv -(n)In		Poss.end. -(s)I (gV), 3.P.Sg.	Pers.end. Typ 1 (gV), keine Pers.end. bei 3. P. Sg.

◯ bazen	*manchmal*	◯ binmek	*steigen auf*
◯ yaya	*hier: zu Fuß*	◯ servis	*Schulbus*
◯ bisiklet	*Fahrrad*	◯ kullanmak	*benutzen*

Manchmal geht er zu Fuß, manchmal nimmt er das Fahrrad.

Bazen	yaya	gidiyor,		bazen	bisiklet	e	biniyor.	
Bazen	yaya	gid	iyor,	bazen	bisiklet	e	bin	iyor.
Manchmal	**zu Fuß**	**geh-**	**-t er,**	**manchmal**	**Fahrrad**	**auf**	**aufsteig-**	**-t er.**
		Stamm von *gitmek* + -(I)yor (gV), Präs., keine Pers.end. bei 3. P. Sg.				Dat. -A (kV)	Stamm von *binmek*	-(I)yor (gV), Präs., keine Pers. end. bei 3. P. Sg.

Die Kinder nehmen den Schulbus.

Çocuk	lar	servisi		kullanıyor(lar).	
Çocuk	lar	servis	i	kullan	ıyor(lar).
Kind	**-er**	**Schulbus**		**benutz-**	**-en.**
	Plural -lAr (kV)		Akk. -(y)I (gV)	Stamm von *kullanmak*	die Pluralendung ist verzichtbar, da **çocuklar** bereits den Plural anzeigt

VERWANDTE WÖRTER

022

❶ Hören Sie sich folgende Wörter an und lesen Sie mit.

iş	*Arbeit*	iş yeri	*Arbeitsplatz*
araba	*Auto*	elektrikli araba	*E-Auto*
		motosiklet	*Motorrad*
ile	*mit*	-siz, -sız, -suz, -süz (gv)	*(Suffix) ohne*
yakın	*nah, in der Nähe*	uzak	*weit (entfernt)*
bazen	*manchmal*	ara sıra	*manchmal; dann und wann*
		çoğu zaman	*oftmals*
		sık sık	*oft*
		hep	*immer*
		her zaman	*immer*
		nadir	*selten*
		nadir olarak	*selten*
		nadiren	*selten*
		istisnasız	*ohne Ausnahme*

bisiklet	*Fahrrad*	elektrikli bisiklet	*e-bike*
		trotinet	*Roller*
		skuter	*Skooter*
		toplu taşıt	*öffentliche Verkehrsmittel*
		umumi vasıta	*öffentliche Verkehrsmittel*
		otobüs	*Bus*
		tramvay	*Straßenbahn*
		metro	*Metro*
servis	*Schulbus, Shuttlebus eines Unternehmens für die Mitarbeiter/-innen*	okul taşıtı	*Schulbus*
binmek	*aufsteigen, nehmen*	oturmak	*aufsitzen*
kullanmak	*benutzen, nehmen*	faydalanmak	*die Vorteile nutzen*

ÜBEN

1 Verbinden Sie die passenden Wörter.

1. iş yeri	a) Schulbus / Shuttlebus
2. bazen	b) manchmal
3. nadir olarak	c) ab und zu
4. araba	d) mit
5. servis	e) ohne
6. -siz (-sız, -suz, süz)	f) Auto
7. ile	g) selten
8. ara sıra	h) Arbeitsplatz

2 Ergänzen Sie die fehlenden Wörter, Wortteile oder Endungen.

1. Murat'ın iş yeri ______ .	Murats Arbeitsplatz ist nah.
2. O ______ ile gidiyor.	Er fährt mit dem Fahrrad.
3. Benim iş yerim ______ .	Mein Arbeitsplatz ist weit.
4. Ben ______a biniyorum.	Ich nehme die Straßenbahn. (wörtl. ich steige in die Straßenbahn)
5. Çocuklar ______ ile gidiyorlar.	Die Kinder fahren mit dem Bus.

WIEDERHOLUNG

3 Lesen Sie jetzt den folgenden Text auf Türkisch.

1. Jülide'nin iş yeri uzak.
2. Arabayla gidiyor.
3. Bazen metroya biniyor.
4. Murat işe arabasız gidiyor.
5. Çocuklar çoğu zaman bisiklete biniyorlar.

4 Übersetzen Sie nun die Sätze ins Deutsche.

1. ______________________________
2. ______________________________
3. ______________________________
4. ______________________________
5. ______________________________

5 Jetzt können Sie auf der ersten Seite des Kapitels alle Wörter, die Sie gelernt haben, abhaken.

12

AM ARBEITSPLATZ

Diese 10 türkischen Wörter und Wendungen lernen Sie in dieser Lektion:

023

Kann ich

◯ genellikle	*in der Regel*	◯ ara sıra	*ab und zu*
◯ ofis	*Büro*	◯ uzaktan	*hier: mobil, remote (wört. aus der Ferne)*

LOS GEHT'S

1 Hören Sie sich die einzelnen Sätze mit den Lernwörtern an und lesen Sie mit.

In der Regel arbeite ich im Büro.

Genellikle	ofiste		çalışıyorum.
Genellikle	ofis	te	çalışıyorum.
In der Regel	**Büro**	**im** Lok. -DA (kV)	**ich arbeite.**

Achten Sie immer auf den Lautwandel! Suffixe, die mit **d**, **c** oder **g** beginnen und an ein Wort angehängt werden, das auf einen **stimmlosen** Konsonanten endet, ändern ihren Anfangskonsonanten in **t**, **ç** oder **k**. Vor allem Suffixe wie hier mit **d** sind davon betroffen.

Ab und zu arbeite ich mobil.

Ara sıra	uzaktan		çalışıyorum.	
Ara sıra	uzak	tan	çalış	ıyorum.
ab und zu	**fern**	**von** Abl. -DAn (kV)	**arbeit-** Stamm von *çalışmak*	**-e ich.** -(I)yor (gV), Präs., 1. P. Sg.

◯ çalışmak	*arbeiten*
◯ iş arkadaşları	*Kollegen/ Kolleginnen*
◯ nazik	*nett*
◯ böyece	*so, folglich*
◯ iş ortamı	*Arbeitsklima*
◯ hoş	*angenehm*

Meine Arbeitskollegen sind sehr nett.

İş	arkadaşlarım			çok	nazik.
İş	arkadaş	lar	ım	çok	nazik.
Arbeit(s)-	**-freund/ -in**		**meine**	**sehr**	**nett (sind).**
		Plural -lAr (kV)	Poss. -(I)m, 1. P. Sg.		Pers.end. (kV), 3. P. Pl.; auf die Pl. end. wurde verzichtet, da **arkadaşlarım** den Pl. anzeigt

Daher ist das Arbeitsklima angenehm.

Böylece	iş ortamı			da	hoş.
Böylece	iş	ortam	ı	da	hoş.
So	**Arbeit(s)-**	**-klima**		**auch**	**angenehm (ist).**
			Poss. -(s)I (gV), 3. P. Sg.	dA (kV)	keine Pers.end. bei 3. P. Sg.

VERWANDTE WÖRTER

024

❶ Hören Sie sich folgende Wörter an und lesen Sie mit.

genellikle	*in der Regel*	nadir, nadiren, nadir olarak	*selten*
ofis	*Büro*	büro	*Büro*
		fabrika	*Fabrik*
		muayenehane	*Praxis*
		şantiye	*Baustelle*
ara sıra	*ab und zu*	zaman zaman	*von Zeit zu Zeit*
uzaktan	*mobil, remote; (wörtl. aus der Ferne)*	mobil	*mobil*
		evden	*von zu Hause*
çalışmak	*arbeiten*	eşek gibi çalışmak	*schuften (wörtl. wie ein Esel arbeiten)*
		işsiz	*arbeitslos*
iş arkadaşı	*Arbeitskollege/-kollegin*	meslektaş	*Berufskollege/-kollegin*

nazik	*nett*	sempatik	*sympathisch*
		yardımcı	*hilfsbereit*
		yardımsever	*hilfsbereit*
		akıllı	*klug*
		sakin	*still*
		çekingen	*schüchtern*
		tatlı dilli	*unterhaltsam*
		antipatik	*unsympathisch*
		soğuk	*arrogant, kühl*
		kasıntı	*eingebildet*
		hırçın	*cholerisch*
		ukala	*Besserwisser/-in*
		çok bilmiş	*Klugscheißer/-in*
		sinir	*nervig*
		gıcık	*nervig*
böylece	*so, folglich*	bundan dolayı	*deshalb*
iş ortamı	*Arbeitsklima, Arbeitsumfeld*	atmosfer	*Atmosphäre*
hoş	*angenehm*	tatsız	*unangenehm*

ÜBEN

1 Verbinden Sie die passenden Wörter.

1. ofis	a) ab und zu
2. ara sıra	b) unsympathisch
3. çalışmak	c) nett
4. antipatik	d) angenehm
5. böylece	e) mobil/remote
6. uzaktan	f) arbeiten
7. hoş	g) so, folglich
8. nazik	h) Büro

2 Ergänzen Sie die fehlenden Wörter, Wortteile oder Endungen.

1. ______ uzaktan çalışıyorum.	In der Regel arbeite ich mobil.
2. ______ ______ şantiyeye gidiyorum.	Ab und zu gehe ich zur Baustelle.
3. İşçiler ______ gibi çalışıyor.	Die Arbeiter schuften.
4. Meslektaşlarım ______.	Meine Kollegen sind sympathisch.
5. Böylece ______ortamı ______.	So ist das Arbeitsklima angenehm.

WIEDERHOLUNG

3 Lesen Sie jetzt den folgenden Text auf Türkisch.

1. Genellikle uzaktan çalışıyorum.
2. Zaman zaman ofise gidiyorum.
3. Meslektaşlar biraz soğuk.
4. Bazıları çok antipatik.
5. Bundan dolayı iş ortamı tatsız.

4 Übersetzen Sie nun die Sätze ins Deutsche.

1. ______________________
2. ______________________
3. ______________________
4. ______________________
5. ______________________

5 Jetzt können Sie auf der ersten Seite des Kapitels alle Wörter, die Sie gelernt haben, abhaken.

13

IM HOMEOFFICE

Diese 10 türkischen Wörter und Wendungen lernen Sie in dieser Lektion:

025

Kann ich

◯ çalışma köşesi	*Arbeitsecke*	◯ bilgisayar	*Computer*
◯ el altında	*griffbereit, zur Hand*	◯ laptop	*Laptop*

LOS GEHT'S

1 Hören Sie sich die einzelnen Sätze mit den Lernwörtern an und lesen Sie mit.

In der Arbeitsecke ist alles griffbereit: Computer, Laptop, Drucker, Tastatur und Maus.

Çalışma köşesinde			her şey	el altında:	
Çalışma	köşe	sinde	her şey	el	altında:
Arbeit	**Ecke**	**in der** Poss. -(s)I, 3.P.Sg. + Bindekonsonant + Lok. -DA (kV)	**alles**	**Hand**	**darunter (ist):** Poss. -(s)I, 3.P.Sg. + Bindekonsonant + Lok. -DA (kV)

Videokonferenzen sind sehr bequem.

Videokonferanslar		çok	rahat.
Videokonferans	lar	çok	rahat.
Videokonferenz	**-en**	**sehr**	**bequem (sind).** Pers.end., 3. P. Pl. Auf die Pluralendung wurde verzichtet, da **videokonferanslar** bereits den Plural anzeigt.

◯ klavye	*Tastatur*	◯ rahat	*bequem, angenehm*
◯ fare	*Maus*	◯ daha	*(noch) mehr, -er (1. Steigerungsstufe)*
◯ videokonferans	*Videokonferenz*	◯ verimli	*effizient*

	bilgisayar,	laptop,	klavye	ve	fare.
	bilgisayar,	laptop,	klavye	ve	fare.
	Computer,	**Laptop,**	**Tastatur**	**und**	**Maus.**

Zuhause arbeite ich effizienter.

Evde		daha	verimli		çalışıyorum.	
Ev	de	daha	verim	li	çalış	ıyorum.
Haus	**im**	**mehr**	**Effizienz**	**mit**	**arbeit-**	**-e ich.**
	Lok. -DA (kV)			Wortbildungs-endung -lI(gV)	Stamm von *çalışmak*	-(I)yor (gV), Präs., 1. P. Sg.

VERWANDTE WÖRTER

❶ Hören Sie sich folgende Wörter an und lesen Sie mit.

calışma köşesi	*Arbeitsecke*	calışma masası	*Arbeitstisch, Schreibtisch*
		masa	*Tisch*
		sandalye	*Stuhl*
		lamba	*Lampe*
		ergonomik	*ergonomisch*
el altında	*griffbereit*	hazır	*bereit*
		düzenli	*ordentlich*
		düzensiz	*unordentlich*
		kaotik	*chaotisch*
		üst**ünde**	*auf etw.*
		alt**ında**	*unter etw.*
		yan**ında**	*neben etw.*
		ön**ünde**	*vor etw.*
		orta**sında**	*in der Mitte von etw.*
bilgisayar	*Computer*	yazıcı	*Drucker*
		kablo	*Kabel*
		docking istasyonu	*Docking Station*
		USB stick	*USB-Stick*
		akü	*Akku*
		giriş	*Eingang, Port*

Diese Begriffe sind bereits dekliniert (Poss. -(s)I, 3. P. Sg. + Bindekonsonant + Lok. -DA (kV) und verweisen dadurch darauf, wo sich etwas befindet.

Sonst lauten die Begriffe: **üst** (*neben*), **alt** (*unten*), **yan** (*neben*) ...

Der türkische Begriff für *Computer* ist tatsächlich wörtlich übersetzt *Infomationszähler* - von **bilgi** (*Information*) und *saymak* (*zählen*)!

laptop	*Laptop*	dizüstü bilgisayar	*Laptop*
		tablet	*tablet*
		Ekran	*Monitor*
klavye	*Tastatur*	tuşlamak	*tippen, klicken*
fare	*Maus*	dokunmatik fare	*Touchpad*
videokonferans	*Videokonferenz*	telekonferans	*Telefonkonferenz*
		headset	*Headset*
		sessiz	*stummgeschaltet*
		kamera	*Kamera*
		açmak	*einschalten*
		kapa(t)mak	*ausschalten*
rahat	*bequem*	rahatsız	*unbequem*
daha	*mehr, noch mehr*	daha az ...	*weniger ...*
verimli	*effizient*	verimsiz	*ineffizient*
		yaratıcı	*kreativ*

Im Türkischen liegt der Laptop nicht auf dem Schoß, sondern auf den Knien (**diz** = *Knie* + **üst** = *das Obere*).

ÜBEN

1 Verbinden Sie die passenden Wörter.

1. çalışma köşesi	a) ineffizient
2. verimli	b) Arbeitsecke
3. el altında	c) Drucker
4. fare	d) Videokonferenz
5. yazıcı	e) mehr
6. daha	f) effizient
7. videokonferans	g) griffbereit
8. verimsiz	h) Maus

2 Ergänzen Sie die fehlenden Wörter, Wortteile oder Endungen.

1. Lara'nın ______ köşesi ______siz.	Laras Arbeitsecke ist unordentlich.
2. Benimki düzen___.	Meine (Arbeitsecke) ist ordentlich.
3. Her ______ yerinde.	Alles ist an seinem Platz.
4. ______ masanın ______.	Der Computer ist auf dem Tisch.
5. ______ masanın ______.	Der Drucker ist unter dem Tisch.
6. Sandalyem ______.	Mein Stuhl ist ergonomisch.
7. Videokonferanslar çok ______.	Videokonferenzen sind sehr bequem.

Possessivpronomen werden zusammen mit dem einförmigen Suffix **-ki** gebraucht, wenn auf das Nomen, das bereits vorher erwähnt wurde, verzichtet wird:
Benim telefonum çok eski. Seninki yeni. *Mein Telefon ist sehr alt. Deines ist neu.*
Seninki steht hier für **senin telefonun** - *dein Telefon.*

WIEDERHOLUNG

3 Lesen Sie jetzt den folgenden Text auf Türkisch.

1. Evde çalışmak çok rahat.
2. Aynı zamanda verimli.
3. Her taraf sessiz, her şey düzenli.
4. Kimse rahatsız etmiyor.
5. Konsantrasyonum bozulmuyor.

4 Übersetzen Sie nun die Sätze ins Deutsche.

1. ______________________________
2. ______________________________
3. ______________________________
4. ______________________________
5. ______________________________

5 Jetzt können Sie auf der ersten Seite des Kapitels alle Wörter, die Sie gelernt haben, abhaken.

14

BERUFE

Diese 10 türkischen Wörter und Wendungen lernen Sie in dieser Lektion:

027

Kann ich

◯ balıkçı	*Fischer/-in*	◯ balıkçılık	*Beruf des Fischers / der Fischerin*
◯ olarak	*als*	◯ doktor	*Arzt/Ärztin*

LOS GEHT'S

1 Hören Sie sich die einzelnen Sätze mit den Lernwörtern an und lesen Sie mit.

Was macht Emre beruflich?

Emre	ne	iş	yap	ıyor?
Emre	ne	iş	yap	ıyor?
Emre	**welche**	**Arbeit**	**mach-**	**-t?**
			Stamm von *yapmak*	

Emre ist Fischer.

Emre	balıkçı.	
Emre	balık	çı.
Emre	**Fisch-**	**-er ist.**
		Wortbildungs-endung -CI

Er arbeitet als Fischer.

Balıkçı	olarak	çalışıyor.	
Balıkçı	olarak	çalış	ıyor.
Fischer	**als**	**arbeit-**	**-et er.**
		Stamm von *çalışmak* + -(I)yor (gV), Präs., keine Pers.end. bei 3. P. Sg.	

Er übt den Beruf des Fischers aus.

Balıkçılık		yapıyor.	
Balıkçı	lık	yap	ıyor.
Fischer	**ei**	**mach-**	**-t er.**
		Stamm von *yapmak* + -(I)yor (gV), Präs., keine Pers.end. bei 3. P. Sg.	

- maalesef *leider*
- işsiz *arbeitslos*
- aramak *suchen*
- bahçıvan *Gärtner/-in*
- çiçekçi *Florist/-in*
- istemek *möchten*

Merve ist Ärztin.

Merve	doktor.
Merve	doktor.
Merve	**Ärztin (ist).** keine Pers.end. bei 3. P. Sg.

Gül ist leider arbeitslos.

Gül	maalesef	işsiz.	
Gül	maalesef	iş	siz.
Gül	**leider**	**Arbeit**	**ohne (ist).** Wortbildungssuffix -sIz, keine Pers.end. bei 3. P. Sg.

Sie sucht Arbeit.

İş	arıyor.	
İş	ar	ıyor.
Arbeit	**such-** Beim Stamm fällt das **a** weg, da vor **yor** kein a stehen darf.	**-t sie.**

Das Wortbildungssuffix **-sIz (gV)** bedeutet *ohne* und bildet wie **-lI (gV – *mit*)** aus Nomen Adjektive:
iş (*Arbeit*) → **işsiz** (*ohne Arbeit, arbeitslos*)
ev (*Haus*) → **evsiz** (*ohne Haus, obdachlos*)

Sie möchte als Gärtnerin oder Floristin arbeiten.

Bahçıvan	veya	çiçekçi	olarak	çalışmak	istiyor.
Bahçıvan	veya	çiçekçi	olarak	çalışmak	istiyor.
Gärtnerin	**oder**	**Floristin**	**als**	**arbeiten** -mAk (kV) Infinitiv	**sie möchte.** -(I)yor (gV), Präs., keine Pers.end. bei 3. P. Sg.

VERWANDTE WÖRTER

028

1 Hören Sie sich folgende Wörter an und lesen Sie mit.

balıkçı	*Fischer/-in*	gözlükçü	*Optiker/-in*
		fırıncı	*Bäcker/-in*
		emlakçı	*Makler*
		lokantacı	*Restaurantbetreiber/-in*
		kuyumcu	*Juwelier/-in*
		halıcı	*Teppichhändler/-in*
		dişçi	*Zahnarzt/-ärztin*
		eczacı	*Apotheker/-in*
		oyuncu	*Schauspieler/-in*
		futbolcu	*Fußballer/-in*
		temsilci	*Vertreter/-in*
		araştırmacı	*Forscher/-in*
		elektrikçi	*Elektriker/-in*
olarak	*als*		
balıkçılık	*Fischerei*	gözlükçülük	*Beruf des/der Optiker/-in*
		fırıncılık	*Beruf des/der Bäcker/-in*
		emlakçılık	*Maklergewerbe*
		lokantacılık	*Restaurantbetrieb*
		kuyumculuk	*Beruf des/der Juwelier/-in*

Das Wortbildungssuffix **-CI (gV)** bildet aus Nomen weitere Nomen, die u. a. Personen bezeichnen, die einen Beruf ausüben: **futbol** (*Fußball*) → **futbolcu** (*Fußballer/-in*).

doktor	*Arzt/Ärztin*	mimar	*Architekt/-in*
		avukat	*Anwalt/Anwältin*
		pilot	*Pilot/-in*
		mühendis	*Ingenieur/-in*
		polis	*Polizist/-in*
		psikolog	*Psychologe/Psychologin*
		kasiyer	*Kassier/-in*
maalesef	*leider*	ne yazık ki	*leider / wie schade, dass ...*
işsiz	*arbeitslos*	iş ilanı	*Stellenanzeige*
		başvurmak	*sich bewerben*
		iş konuşması	*Vorstellungsgespräch*
		kabul	*Zusage*
		ret cevabı	*Absage*
iş aramak	*Arbeit suchen*		
bahçıvan	*Gärtner/-in*		
çiçekçi	*Florist/-in*		
istemek	*möchten, wollen*	arzu etmek	*wollen, sich wünschen*

ÜBEN

1 Verbinden Sie die passenden Wörter.

1. balıkçı	a) Fischerei
2. işsiz	b) suchen
3. balıkçılık	c) als
4. maalesef	d) Apotheker/-in
5. aramak	e) leider
6. eczacı	f) möchten
7. istemek	g) Fischer/-in
8. olarak	h) arbeitslos

2 Ergänzen Sie die fehlenden Wörter, Wortteile oder Endungen.

1. Uğur ______ iş yapıyor?	Was ist Uğurs Beruf? (wörtl. Welche Arbeit macht Uğur?)
2. Uğur ______ .	Uğur ist Optiker.
3. Fatma veteriner ______ çalışıyor.	Fatma arbeitet als Tierärztin.
4. Serap işe yeni ______ .	Serap fängt neu im Beruf an.
5. Serap ______ .	Serap ist Praktikantin.
6. ______ olmak istiyor.	Sie möchte Vertreterin werden.
7. Çok ______.	Sie ist sehr ehrgeizig.

WIEDERHOLUNG

3 Lesen Sie jetzt den folgenden Text auf Türkisch.

1. Emlakçıyım.
2. Çok hırslıyım.
3. Kariyer yapmak istiyorum.
4. Patronum beni destekliyor.
5. Kendisi de işkolik.

4 Übersetzen Sie nun die Sätze ins Deutsche.

1. ______________________________
2. ______________________________
3. ______________________________
4. ______________________________
5. ______________________________

5 Jetzt können Sie auf der ersten Seite des Kapitels alle Wörter, die Sie gelernt haben, abhaken.

15

AN DER UNIVERSITÄT

Diese 10 türkischen Wörter und Wendungen lernen Sie in dieser Lektion:

029

Kann ich

◯ üniversite	*Universität*	◯ fakülte	*Fakultät*
◯ fen	*Naturwissenschaften*	◯ okumak	*lesen; lernen; hier: studieren*

LOS GEHT'S

1 Hören Sie sich die einzelnen Sätze mit den Lernwörtern an und lesen Sie mit.

Ich studiere an der Fakultät für Wirtschaftswissenschaften an der Bosporus Universität Istanbul.

İstanbul	Boğaziçi Üniversitesi'nde		
İstanbul	Boğaziçi	Üniversitesi'	nde
Istanbul(er)	**Bosporus-**	**Universität**	**an der**
Ortsnamen, die als Teil eines Eigennamens fungieren, werden ohne Lokativ verwendet.			Lok. -DA (kV)

Gerade mache ich den Master.

Şu an		master	yapıyorum.	
Şu	an	master	yap	ıyorum.
Dieser	**Moment**	**Master**	**mach-**	**-e ich.**
			Stamm von *yapmak*	-(I)yor (gV), Präs., 1. P. Sg.

◯ fizik	*Physik*	◯ yapmak	*machen; hier: ablegen (Prüfung)*
◯ şu an	*gerade*	◯ sınav	*Prüfung, Examen*
◯ master	*Master*	◯ zor	*schwer*

Fen	Fakültesi'nde			fizik	okuyorum.	
Fen	Fakülte	si'n	de	fizik	oku	yorum.
Naturwissenwissenschaft	**Fakultät**		**an der**	**Physik**	**studier-**	**-e ich.**
Die Namen von Studienfächern werden in Kombination mit der Fakultät als Eigennamen groß geschrieben.		Poss.end. -(s)I + Bindekonsonant -n	Lok. -DA (kV)		-(I)yor (gV), Präs., 1. P. Sg.	

Die Prüfungen sind sehr hart.

Sınavlar		çok	zor.
Sınav	lar	çok	zor.
Prüfung	**-en**	**sehr**	**schwer (sind).**
	Plural -lAr (kV)		keine Pers.end. bei 3. P. Sg.

VERWANDTE WÖRTER

030

1 Hören Sie sich folgende Wörter an und lesen Sie mit.

üniversite	*Universität*	teknik üniversite	*technische Universität*
		uygulamalı bilimler üniversitesi	*Fachhochschule*
		kabul	*Zulassung*
		yazılmak	*sich einschreiben*
fen	*Naturwissenschaft*	eğitim	*Bildungswissenschaft*
		edebiyat	*Literaturwissenschaft*
		hukuk	*Rechtswissenschaft*
		iktisat	*Wirtschaftswissenschaft*
		idari	*Verwaltungswissenschaft*
		mühendislik	*Ingenieurwesen*
		yönetim	*Management*
		yabancı diller	*Fremdsprachen*
fakülte	*Fakultät*	bölüm	*Abteilung*

fizik	*Physik*	kimya	*Chemie*
		biyoloji	*Biologie*
		matematik	*Mathematik*
		hukuk	*Jura*
		siyaset	*Politik*
		tıp	*Medizin*
		diş tıbbı	*Zahnmedizin*
		pedagoji	*Pädagogik*
şu an	*gerade (in diesem Moment)*	tam	*gerade (jetzt)*
		biraz önce	*gerade (kurz vorher)*
master / yüksek lisans	*Master*	bachelor / lisans	*Bachelor*
		devlet sınavı	*Staatsexamen*
yapmak	*machen*		
sınav	*Prüfung, Examen*	sınav vermek	*eine Prüfung ablegen*
		sınavda kalmak	*durch eine Prüfung fallen*
zor	*schwer, schwierig*	zar zor	*mit Mühe und Not*
		kolay	*einfach*

ÜBEN

1 Verbinden Sie die passenden Wörter.

1. üniversite	a) Fakultät
2. bölüm	b) Prüfung, Examen
3. yazılmak	c) Universität
4. şu an	d) schwer
5. sınav	e) Naturwissenschaften
6. fen	f) einschreiben
7. fakülte	g) gerade, im Moment
8. zor	h) Fach, Abteilung

2 Ergänzen Sie die fehlenden Wörter, Wortteile oder Endungen.

1. Bu sene üniversiteye ______ .	Dieses Jahr schreibe ich mich an der Uni ein.
2. Ablam hukuk ______sinde okuyor.	Meine große Schwester studiert an der juristischen Fakultät.
3. ____ ____ devlet sınavını veriyor.	Gerade legt sie ihr Staatsexamen ab.
4. Sınavlar çok ______ .	Die Prüfungen sind sehr schwer.
5. Ama iyi ______ .	Aber sie bereitet sich gut vor.
6. Sınavları ______ ile geçmek istiyor.	Sie möchte die Prüfungen mit Erfolg ablegen.

WIEDERHOLUNG

3 Lesen Sie jetzt den folgenden Text auf Türkisch.

1. İstanbuk Teknik Üniversitesin'de okuyorum.
2. Mühendislik fakültesine yazıldım.
3. Şu an bachelor yapıyorum.
4. Sınavlardan zar zor geçiyorum.
5. Birçok kişi sınavlarda kalıyor.

Das **zar** in **zar zor** ist ein Teil einer Verdopplung/Reduplikation (wie bei *Tag und Nacht, Kind und Kegel*). Es wird verwendet, um die Aussage zu verstärken. Diese Verdopplungen können aus Wörtern mit ähnlichen oder entgegengesetzten Bedeutungen bestehen. Manchmal, wie bei **zar**, hat ein Teil aber auch gar keine Bedeutung, sondern passt einfach vom Klang her sehr gut.

4 Übersetzen Sie nun die Sätze ins Deutsche.

1. ______________________________
2. ______________________________
3. ______________________________
4. ______________________________
5. ______________________________

5 Jetzt können Sie auf der ersten Seite des Kapitels alle Wörter, die Sie gelernt haben, abhaken.

16

IN DER FREIZEIT

Diese 10 türkischen Wörter und Wendungen lernen Sie in dieser Lektion:

031

Kann ich

○ boş zaman	*Freizeit*	○ birçok	*mehrere, viele*
○ hobi	*Hobby*	○ resim yapmak	*malen*

LOS GEHT'S

1 Hören Sie sich die einzelnen Sätze mit den Lernwörtern an und lesen Sie mit.

Was machst du in deiner Freizeit? Hast du ein Hobby?

Boş	zamanında			ne
Boş	zaman	ın	da	ne
frei(e)	**Zeit**	**deine**	**in**	**was**

Mehrere! Malen, singen und kochen.

Birçok!	Resim	yapmak,	şarkı	söylemek,	yemek	pişirmek,
Birçok!	Resim	yapmak,	şarkı	söylemek,	yemek	pişirmek,
Mehrere!	**Bild**	**machen,** Infinitiv	**Lied**	**sagen** Infinitiv	**Essen**	**kochen,** Infinitiv

- ◯ şarkı söylemek *singen*
- ◯ yemek pişirmek *kochen*
- ◯ tenis *Tennis*
- ◯ oynamak *spielen*
- ◯ koşmak *laufen*
- ◯ gezmek *reisen*

	yapıyorsun?			Hobin		var	mı?
	yap	ıyor	sun?	Hobi	n	var	mı?
	mach-	**-st du?** -(I)yor (gV), Präs., 2. P. Sg.		**Hobby**	**dein**	**gibt** nom. Präd.	**es?**

	tenis	oynamak,	koşmak	ve	gezmek.
	tenis	oynamak,	koşmak	ve	gezmek.
	Tennis	**spielen,** Infinitiv	**laufen** Infinitiv	**und**	**reisen.** Infinitiv

VERWANDTE WÖRTER

032

1 Hören Sie sich folgende Wörter an und lesen Sie mit.

boş zaman	*Freizeit*		
hobi	*Hobby*	meşgale	*Beschäftigung*
birçok	*viele, mehrere*	az	*wenig*
		hiç	*gar kein/-e*
resim yapmak	*malen*	resim	*Bild*
		pano	*Leinwand*
		boya	*Farbe*
		fırça	*Pinsel*
		sanat	*Kunst*
		müzik	*Musik*
		müze	*Museum*
		galeri	*Galerie*
		sergi	*Austellung*
		ziyaret etmek	*besuchen*

şarkı söylemek	*singen*	şarkı	*Lied*
		koro	*Chor*
		band	*Band*
		çalmak	*spielen (Instrument)*
		piyano çalmak	*Klavier spielen*
		klarnet çalmak	*Klarinette spielen*
		flüt çalmak	*(Quer)flöte spielen*
		gitar çalmak	*Gitarre spielen*
		keman çalmak	*Geige spielen*
		saksafon çalmak	*Saxofon spielen*
		davul çalmak	*Schlagzeug spielen*
yemek pişirmek	*kochen*	yemek tarifesi	*Kochrezept*
tenis oynamak	*Tennis spielen*	golf oynamak	*Golf spielen*
		futbol oynamak	*Fußball spielen*
		basketbol oynamak	*Basketball spielen*
		voleybol oynamak	*Volleyball spielen*
koşmak	*laufen, joggen*	(doğada) yürümek	*(in der Natur) wandern, spazieren*
gezmek	*reisen*	gezi	*Reise*

ÜBEN

1 Verbinden Sie die passenden Wörter.

1. boş zaman	a) spielen
2. resim yapmak	b) Freizeit
3. gezmek	c) Hobby
4. birçok	d) malen
5. koşmak	e) kochen
6. oynamak	f) laufen
7. yemek pişirmek	g) viele, mehrere
8. hobi	h) reisen

2 Ergänzen Sie die fehlenden Wörter, Wortteile oder Endungen.

1. ______ zamanında ne yapıyorsun?	Was machst du in deiner Freizeit?
2. Senin ______lerin ne?	Was sind deine Hobbys?
3. ______ hobim var.	Ich habe mehrere Hobbys.
4. ______ yapıyorum.	Ich male.
5. ______ söylüyorum.	Ich singe.
6. ______ oynuyorum.	Ich spiele Golf.
7. Ve ________ .	Und ich reise.

WIEDERHOLUNG

3 Lesen Sie jetzt den folgenden Text auf Türkisch.

1. Birçok hobim var.
2. Resim yapıyorum ve koroda şarkı söylüyorum.
3. Sanatı seviyorum.
4. Galeri ve müzelere gidiyorum.
5. Doğada yürüyorum.

4 Übersetzen Sie nun die Sätze ins Deutsche.

1. ______________________________
2. ______________________________
3. ______________________________
4. ______________________________
5. ______________________________

5 Jetzt können Sie auf der ersten Seite des Kapitels alle Wörter, die Sie gelernt haben, abhaken.

Sich verabreden

Diese 10 türkischen Wörter und Wendungen lernen Sie in dieser Lektion: 033

Kann ich

◯ vakit	*Zeit*	◯ sinema	*Kino*
◯ beraber	*zusammen*	◯ film	*Film*

Los geht's

1 Hören Sie sich die einzelnen Sätze mit den Lernwörtern an und lesen Sie mit.

Hast du abends Zeit? Lass uns zusammen ins Kino gehen.

Akşam	vaktin		var mı?	
Akşam	vakt	in	var	mı?
Abend	**Zeit**	**deine**	**es gibt**	**?**
	Beim Anhängen des Possessivsuffixes kommt es zum Lautwandel, **vakitin** wird zu **vaktin.**		-mAk (kV) Infinitiv	Fragepartikel mI (gV), keine Pers.end. bei 3. P. Sg.

Es soll ein neuer Film erschienen sein, eine lustige Komödie.

Yeni	film	çıkmış,		eğlenceli	komedi.
Yeni	film	çık	mış,	eğlenceli	komedi.
Neu	**Film**	**erschein-**	**-en sein soll,**	**lustig**	**Komödie.**
		Die **-miş**-Form wird für Situationen verwendet, die man nur vom Hörensagen kennt. Mit dem Suffix -mIş wird eine Vergangenheitsform gebildet, in der der Sprecher/die Sprecherin zeigt, das er/sie beim Geschehen der Handlung nicht dabei war. **Helga ile Erkan evlenmiş(ler).** *Helga und Erkan haben geheiratet. (Habe ich erfahren)*			keine Pers. end. bei 3. P. Sg.

- ◯ çıkmak *rauskommen*
- ◯ eğlenceli *lustig*
- ◯ komedi *Komödie*
- ◯ seve seve *gerne, mit Vergnügen*
- ◯ şehir *Stadt*
- ◯ buluşmak *(sich) treffen*

Mit der Wunschform 1. P. Pl. werden häufig spontane Vorschläge an Personen gemacht, mit denen man gemeinsam etwas unternehmen möchte. Als Frage formuliert (**Gidelim mi?** – *Wollen wir gehen?*), möchte man wissen, was die andere Person darüber denkt. Auch die Verneinung ist möglich: **Hayır, gitmeyelim.** – *Nein, lass uns nicht gehen!*

Beraber	sinemaya		gidelim!	
Beraber	sinema	ya	gid	elim!
Zusammen	**Kino**	**nach** Dat.-A (kV)	**geh-** Stamm von *gitmek*	**-en lass uns!** -(y)AlIm (kV/gV) Voluntativ, 1. P. Pl.

Gerne. Lass uns uns in der Stadt treffen.

Seve seve.	Şehirde		buluşalım.	
Seve seve.	Şehir	de	buluş	alım.
Gerne. Wörtl. bedeutet **seve seve** *liebend liebend.*	**Stadt**	**in** Lok. -DA (kV)	**treff-** Stamm von *buluşmak*	**-en lass uns uns.** -(y)AlIm (kV/gV) Voluntativ, 1. P. Pl.

VERWANDTE WÖRTER

1 Hören Sie sich folgende Wörter an und lesen Sie mit.

vakit	*Zeit*	zaman	*Zeit*
beraber	*zusammen*	hep beraber	*alle zusammen*
		yalnız başına	*alleine*
sinema	*Kino*	tiyatro	*Theater*
		kabare	*Kabaret*
		opera	*Oper*
		konser	*Konzert*
film	*Film*	kısa film	*Kurzfilm*
		sessiz film	*Stummfilm*
		çizgi film	*Zeichentrickfilm*
		yabancı film	*ausländischer Film*
		yabancı	*ausländisch*
		yerli	*einheimisch*
		parça	*(Theater)Stück*
		ödül	*Preis, Auszeichnung*
		film festivali	*Filmfestival*
		kırmızı halı	*roter Teppich*
		oyuncu	*Schauspieler/-in*
		yönetmen	*Regisseur/-in*
		meşhur / ünlü	*berühmt*

		şöhret	*Berühmtheit*
		mutlu son	*Happy End*
		mutsuz son	*trauriges Ende*
		açık son	*offenes Ende*
çıkmak	*rauskommen, erscheinen*		
eğlenceli	*lustig*	heyecanlı	*spannend*
		korkunç	*gruselig*
		romantik	*romantisch*
		üzücü	*traurig*
komedi	*Komödie*	trajikomedi	*Tragikomödie*
		gerilim filmi	*Thriller*
		aksiyon filmi	*Actionfilm*
		aşk filmi	*Liebesfilm*
		korku filmi	*Horrorfilm*
		bilimkurgu	*Science Fiction*
		tarz	*Genre*
seve seve	*gerne, mit Vergnügen*	sevinmek	*sich freuen*
		istememek	*nicht wollen*
önünde	*davor*	yanında	*daneben*
buluşmak	*(sich) treffen*		

ÜBEN

1 Verbinden Sie die passenden Wörter.

1. beraber	a) Zeit
2. eğlenceli	b) Kino
3. vakit	c) spannend
4. heyecanlı	d) zusammen
5. önünde	e) sehr gerne, mit Vergnügen
6. seve seve	f) (sich) treffen
7. buluşmak	g) davor
8. sinema	h) lustig

2 Ergänzen Sie die fehlenden Wörter, Wortteile oder Endungen.

1. Yarın ______ var mı?	Hast du morgen Zeit?
2. Beraber ______ gidelim.	Lass uns zusammen ins Kino gehen.
3. Yeni ______ film çıkmış.	Es soll ein neuer Film erschienen sein.
4. ______ mi?	Ist er lustig?
5. Hayır, ______ bir film.	Nein, es ist ein spannender Film.
6. Birçok ______ almış.	Er soll viele Preise gewonnen haben.
7. ______ film mi?	Ist es ein ausländischer Film?
8. Hayır, ______ filmi.	Nein, es ist ein türkischer Film.

WIEDERHOLUNG

3 Lesen Sie jetzt den folgenden Text auf Türkisch.

1. Bu akşam vaktin var mı?
2. Beraber tiyatroya gidelim.
3. Seve seve!
4. Yeni bir parça çıkmış, adı "Kal!".
5. Yönetmen, arkadaşım.

4 Übersetzen Sie nun die Sätze ins Deutsche.

1. ______
2. ______
3. ______
4. ______
5. ______

5 Jetzt können Sie auf der ersten Seite des Kapitels alle Wörter, die Sie gelernt haben, abhaken.

18

UHRZEIT

Diese 10 türkischen Wörter und Wendungen lernen Sie in dieser Lektion:

035

Kann ich

◯	Affedersin/ Affedersiniz	*Entschuldige/ Entschuldigen Sie*	◯	kaç	*wie viel?*
◯	saat	*Uhr; Uhrzeit*	◯	dokuz	*neun*

LOS GEHT'S

1 Hören Sie sich die einzelnen Sätze mit den Lernwörtern an und lesen Sie mit.

Entschuldigen Sie, wie viel Uhr ist es?

Affedersiniz,	saat	kaç?
Affedersiniz,	saat	kaç?
Verzeihung, Lok. -DA (kV)	**Uhr**	**wie viel (ist)?**

Es ist neun Uhr.

Saat	dokuz.
Saat	dokuz.
Uhr	**neun (ist).** keine Pers.end. bei 3. P. Sg.

Wann beginnt der Film?

Film	kaçta		başlıyor?	
Film	kaç	ta	başl	ıyor?
Film	**wie viel**	**um**	**fäng-** Stamm von *başlamak* Beim Stamm fällt das **a** weg, da vor **yor** kein **a** stehen darf!	**-t an?** keine Pers.end. bei 3. P. Sg.

◯ kaçta?	*um wie viel?*	◯ buçuk	*halb*
◯ başlamak	*anfangen*	◯ geç kalmak	*verspäten, zu spät kommen*
◯ sekiz	*acht*	◯ çoktan	*längst*

Um halb neun.

Sekiz	buçukta.	
Sekiz	buçuk	ta.
Acht	**halb**	**um.**
		Lok. -DA (kV) + keine Pers.end. bei 3. P. Sg.

Achtung!
Während man im Deutschen bei den halben Stunden zurückgeht, geht es im Türkischen vor.

Sekiz buçuk ist also nicht 9:30 Uhr, sondern 8:30 Uhr.

Wir sind zu spät dran. Er hat längst angefangen.

Geç	kaldık.		Çoktan	başladı.	
Geç	kal	dık.	Çoktan	baş	ladı.
(Zu) spät	**bleiben**	**wir**	**Längst**	**angefangen**	**hat.**
	Stamm von *kalmak*	di-Vgh (gV), 1. P. Pl.		Stamm von *başlamak*	di-Vergangenheit, 3. P. Sg.

VERWANDTE WÖRTER

036

1 Hören Sie sich folgende Wörter an und lesen Sie mit.

Affedersiniz	*Entschuldigen Sie, Verzeihung*	Affedersin	*Entschuldige, Verzeihung*
saat	*Stunde; Uhr(zeit) Uhrzeit*	dakika	*Minute*
		saniye	*Sekunde*
kaç?	*wie viel?*	saat kaç?	*wie viel Uhr ist es?*
kaçta?	*um wie viel?*	saat kaçta?	*um wie viel Uhr?*
başlamak	*anfangen*	bitmek	*enden*
dokuz	*neun*	bir	*eins*
		iki	*zwei*
		üç	*drei*
		dört	*vier*
		beş	*fünf*
		altı	*sechs*
		yedi	*sieben*
		sekiz	*acht*
		on	*zehn*
		on bir	*elf*
		on iki	*zwölf*
		on üç (vs.)	*dreizehn (usw.)*
		yirmi	*zwanzig*

Die Uhrzeiten anzugeben, ist sehr einfach, wenn Sie die Uhr „digital" – wie auf einer Digitaluhr – ablesen:
Saat 18.20. (Saat on sekiz yirmi.)
Es ist 18:20. (Es ist achtzehn Uhr zwanzig).

Das Lokativsuffix -DA wird für das deutsche *um* benutzt:
Saat 14.30'da. (Saat on dört otuzda.)
Um 14:30 Uhr. (Um vierzehn Uhr dreißig.)

		otuz	*dreißig*
		kırk	*vierzig*
		elli	*fünfzig*
		altmış	*sechszig*
		yetmiş	*siebzig*
		seksen	*achtzig*
		doksan	*neunzig*
buçuk	*halb*	çeyrek	*Viertel*
		kala	*vor*
		geçe	*nach*
geç kalmak	*sich verspäten, zu spät kommen*	geç	*spät*
		tam	*genau*
		vaktinde	*pünktlich*
çoktan	*längst*	birazdan	*in Kürze*
		daha (Verbstamm) mAdI (gV)	*noch nicht*

ÜBEN

1 Verbinden Sie die passenden Wörter.

1. saat	a) wie viel?
2. kaç?	b) acht
3. dokuz	c) um wie viel Uhr?
4. geç kalmak	d) halb
5. buçuk	e) Uhr; Uhrzeit
6. çoktan	f) längst
7. sekiz	g) sich verspäten
8. kaçta?	h) neun

2 Ergänzen Sie die fehlenden Wörter, Wortteile oder Endungen.

1. Saat ______ ?	Wie viel Uhr ist es?
2. Saat ______ .	Es ist acht Uhr.
3. Saat ______ buluşuyoruz?	Um wie viel Uhr treffen wir uns?
4. Saat ______ .	Um acht Uhr.
5. Saat ______ .	Es ist halb neun.
6. Dokuzu ______ geçiyor.	Es ist Viertel nach neun.
7. Dokuza on ______ .	Es ist zehn vor neun.

WIEDERHOLUNG

3 Lesen Sie jetzt den folgenden Text auf Türkisch.

1. Affedersiniz, saat kaç?
2. Saat beş.
3. Saat kaçta buluşuyoruz?
4. Altıya on kala.
5. Tamam, tam vaktindeyiz!

4 Übersetzen Sie nun die Sätze ins Deutsche.

1. ______________________________
2. ______________________________
3. ______________________________
4. ______________________________
5. ______________________________

5 Jetzt können Sie auf der ersten Seite des Kapitels alle Wörter, die Sie gelernt haben, abhaken.

19

RICHTUNGSANGABEN

Diese 10 türkischen Wörter und Wendungen lernen Sie in dieser Lektion:

037

Kann ich

- ◯ pardon *Verzeihung*
- ◯ köprü *Brücke*
- ◯ postane *Post*
- ◯ görmek *sehen*

LOS GEHT'S

1 Hören Sie sich die einzelnen Sätze mit den Lernwörtern an und lesen Sie mit.

Verzeihung, wo ist die Post?

Pardon,	postane	nerede?
Pardon,	postane	nerede?
Verzeihung,	**Post**	**wo (ist)?**
		keine Pers.end. bei 3. P. Sg.

Sie ist etwas weit (entfernt).

Biraz	uzak.
Biraz	uzak.
Etwas	**weit (ist).**
	keine Pers.end. bei 3. P. Sg.

Siehst du die Brücke? Passiere sie (= Gehe an ihr vorbei).

Köprüyü		görüyor musun?			Onu	geç.
Köprü	yü	gör	üyor	musun?	Onu	geç.
Brücke		**s[i]eh-**	**-st du?**		**Sie**	**passiere.**
	Akk. -(y)I (gV)	Stamm von *görmek*	-(I)yor (gV), Präs.	Fragesuffix, 2. P. Sg.	Pers.pronomen im Akk.	Stamm von *geçmek* = Imperativ, 2.P.Sg.

- ◯ metre *Meter*
- ◯ dümdüz *ganz gerade*
- ◯ sol *links*
- ◯ sapmak *abbiegen*
- ◯ sağ *rechts*
- ◯ taraf *Seite*

Gehe 700 Meter ganz geradeaus, bieg dann links ab.

700	metre	dümdüz	yürü,	sonra	sol	a	sap.
700	metre	dümdüz	yürü,	sonra	sol	a	sap.
700	**Meter**	**geradeaus**	**lauf,**	**dann**	**links**	**nach**	**biege ab.**
			Stamm von *yürümek* = Imperativ, 2.P.Sg.			Dat. -A	Stamm von *sapmak* = Imperativ, 2.P.Sg.

Die Post ist gleich auf der rechten Seite.

Postane	hemen	sağ	tarafta.	
Postane	hemen	sağ	taraf	ta.
Post	**gleich**	**rechte**	**Seite**	**an (ist.)**
				Lok. -DA (kV) + keine Pers.end. bei 3. P. Sg.

Anstelle von **sol/sağ tarafta** (linke/rechte Seite) kann man auch einfach **sağda** (*rechts*) oder **solda** (*links*) sagen. Dies gilt auch für andere Ortsangaben, z. B.: **ön tarafta / önde** (*vordere Seite/vorne*).

VERWANDTE WÖRTER

038

❶ Hören Sie sich folgende Wörter an und lesen Sie mit.

pardon	*Pardon, Verzeihung*		
postane	*Post*	belediye	*Rathaus*
köprü	*Brücke*	kule	*Turm*
		kapı	*Tor*
		meydan	*Platz*
		fiskiye	*Brunnen*
		park	*Park*
		yüzme havuzu	*Schwimmbad*
		durak	*Haltestelle*
		otobüs durağı	*Bushaltestelle*
		turist informasyonu	*Touristeninformation*
		(süper)market	*Supermarkt*
		pazar	*Markt*
		AVM (alışveriş merkezi)	*Einkaufszentrum*
		mağaza	*Geschäft*
		ayakkabı mağazası	*Schuhgeschäft*
		kasap	*Metzger*
		fırın	*Bäckerei*
		pastane	*Konditorei*
		balıkçı	*Fischgeschäft*

Für Ja/Nein-Fragen ist im Türkischen die Fragepartikel **mI (gV)** zuständig. Sie wird **nach** dem Satzteil platziert, der erfragt werden soll:
Engin bugün geliyor mu?
KOMMT Engin heute?
Engin bugün mü geliyor?
Kommt Engin HEUTE?
Engin mi bugün geliyor?
Kommt ENGIN heute?

		mobilyacı	*Möbelgeschäft*
		temizlikçi	*Reinigung*
		terzi atölyesi	*Schneiderei*
		yapı marketi	*Baumarkt*
		karakol	*Polizeiwache*
		belediye	*Rathaus*
görmek	*sehen*	görüyor musun?	*siehst du?*
metre	*Meter*	kilometre	*Kilometer*
		santimetre	*Zentimeter*
		milimetre	*Milimeter*
dümdüz	*ganz geradeaus*	sapmadan	*ohne abzubiegen*
sol	*links*	sola	*nach links*
		solda	*links*
		soldan	*von links*
sağ	*rechts*	sağa	*nach rechts*
		sağda	*rechts*
		sağdan	*von rechts*
		karşıda	*gegenüber*
		arkada	*dahinter*
taraf	*Seite*	köşe	*Ecke*

ÜBEN

1 Verbinden Sie die passenden Wörter.

1. Pardon!	a) Brücke
2. sol	b) rechts
3. köprü	c) gegenüber
4. sağ	d) Pardon!, Verzeihung!
5. karşıda	e) ganz gerade(aus)
6. dümdüz	f) Seite
7. taraf	g) abbiegen
8. sapmak	h) links

2 Ergänzen Sie die fehlenden Wörter, Wortteile oder Endungen.

1. ______, park nerede?	Verzeihung, wo ist der Park?
2. Çok ______ mı?	Ist er sehr weit?
3. Hayır, fırını ______ musunuz?	Nein, sehen Sie die Bäckerei?
4. Fırından sonra ______ sapın.	Biegen Sie nach der Bäckerei links ab.
5. Sonra ______ yürüyün.	Laufen Sie dann ganz geradeaus.
6. Köprüden önce ______ sapın.	Biegen Sie vor der Brücke rechts ab.
7. Park hemen sol ______.	Der Park ist gleich links.

WIEDERHOLUNG

3 Lesen Sie jetzt den folgenden Text auf Türkisch.

1. Pardon, belediye nerede?
2. Çok yakın, hemen karşınızda.
3. Ve yüzme havuzu nerede?
4. O biraz uzak.
5. Bir kilometre dümdüz yürüyün, hemen sağda.

4 Übersetzen Sie nun die Sätze ins Deutsche.

1. ______________________________
2. ______________________________
3. ______________________________
4. ______________________________
5. ______________________________

5 Jetzt können Sie auf der ersten Seite des Kapitels alle Wörter, die Sie gelernt haben, abhaken.

EIN WOCHENABLAUF

Diese 10 türkischen Wörter und Wendungen lernen Sie in dieser Lektion:

039

Kann ich

- ◯ Pazartesi *Montag*
- ◯ Perşembe *Donnerstag*
- ◯ kadar *bis*
- ◯ çıkmak *gehen*

LOS GEHT'S

1 Hören Sie sich die einzelnen Sätze mit den Lernwörtern an und lesen Sie mit.

Von Montag bis Donnerstag war ich auf Geschäftsreise. Am Freitag war ich zu Hause.

Pazartesi'den		Perşembe'ye		kadar	iş
Pazartesi'	den	Perşembe'	ye	kadar	iş
Montag	**von**	**Donnerstag**	**nach**	**bis**	**Arbeit(s)**

Von … bis … wird im Türkischen mit **-dEn (kV) … -(y)E (kV) + kadar** wiedergegeben. Man kann sich damit auf Zeiträume beziehen, aber auch auf zurückgelegte Strecken, die man besonders betonen will: **Ortaköy'den Sarıyer'e kadar yürüdük – 16 km!** (*Wir sind von Ortaköy bis nach Sarıyer gelaufen – 16 km!*)

Am Samstag machte ich einen Ausflug.

Cumartesi	(günü)	gezi	yaptım.	
Cumartesi	(günü)	gezi	yap	tım.
Samstag	**(Tag des)**	**Ausflug**	**macht-**	**-e ich.**
			Stamm von *yapmak*	di-Verg., 1. P. Sg.

Umgangssprachlich wird **günü** (wörtl. *Tag des*) auch oft weggelassen. Man kann also einfach sagen: **Cumartesi gezi yaptım.** (*Samstag machte ich einen Ausflug.*)

- Cuma *Freitag*
- Cumartesi *Samstag*
- gezi *Ausflug*
- Pazar *Sonntag*
- dönmek *zurückkehren*
- dinlenmek *ausruhen*

Das Suffix **-di (gV)** wird auch bei Nominalsätzen (*ich war, ich hatte*) gebraucht. Hier gibt es zu den Verbalsätzen mit di-Vergangenheit zwei Unterschiede:

1. Endet das Wort auf einen Vokal, kommt ein -y- vor dem -di:
   Ben dün evde-y-di-m. (*Ich war gestern zu Hause.*)
2. Die Fragepartikel **ml** kommt vor der Zeit- und der Personalendung:
   Sen dün okulda değil miydin? (*Warst du gestern nicht in der Schule?*)

seyahatindeydim.			Cuma	evdeydim.	
seyahat	inde	ydim.	Cuma	evde	ydim.
Reise	**bei**	**war ich.**	**Freitag**	**zu Hause**	**war ich.**
	-i Poss., 3.P.Sg. n Bindekonsonant; da Lok. -DA (kV)	di-Vergangenheit, 1. P. Sg.		Lok. -DA (kV)	di-Vergangenheit, 1. P. Sg.

Am Sonntag kehrte ich zurück und ruhte mich aus.

Pazar	günü	döndüm,		dinlendim.	
Pazar	günü	dön	düm,	dinlen	dim.
Sonntag	**Tag des**	**zurückkehr-**	**-te ich,**	**ausruh-**	**te ich mich.**
		Stamm von *dönmek*		Stamm von *dinlenmek*	di-Vergangenheit, 1. P. Sg.

VERWANDTE WÖRTER

1 Hören Sie sich folgende Wörter an und lesen Sie mit.

Pazartesi	*Montag*	Salı	*Dienstag*
		Çarşamba	*Mittwoch*
		Perşembe	*Donnerstag*
		Cuma	*Freitag*
		Cumartesi	*Samstag*
		Pazar	*Sonntag*
		haftanın günleri	*Wochentage*
		Pazartesi günü	*am Montag*
		Salı günü	*am Dienstag*
		Çarşamba günü	*am Mittwoch*
		Perşembe günü	*am Donnerstag*
		Cuma günü	*am Freitag*
		Cumartesi günü	*am Samstag*
		Pazar günü	*am Sonntag*
		Pazartesi (Salı usw .) günleri	*montags (dienstags usw.)*
-e kadar	*bis ...*	-den -e kadar	*von ... bis ...*
iş seyahati	*Geschäftsreise*	seyahat	*Reise*
		seyahate çıkmak	*auf eine Reise gehen/ aufbrechen*
		seyahat etmek	*reisen*

çıkmak	*rausgehen, ausgehen, auf eine Reise/Fahrt gehen*	bir iki gün	*ein bis zwei Tage*
gezi	*Ausflug, Reise*	yürüyüş	*Spaziergang*
		tur	*Rundreise*
dinlenmek	*ausruhen, ausspannen*	dinlenme ihtiyacında	*ruhedürftig*
		gevşemek	*relaxen, entspannen (wörtl. locker werden)*
		enerji depolamak	*Energie tanken*
		enerji dolu	*voller Energie*
dönmek	*wiederkommen*	geri dönmek	*zurückkommen*
tatil	*Urlaub*	tatil günü	*Feiertag*

ÜBEN

1 Verbinden Sie die passenden Wörter.

1. Pazartesi	a) Sonntag
2. çıkmak	b) bis
3. dinlenmek	c) Freitag
4. Pazar	d) zurückkehren
5. haftanın günü	e) Wochentag
6. kadar	f) Montag
7. dönmek	g) ausruhen
8. Cuma	h) (r)ausgehen, aufbrechen zu

2 Ergänzen Sie die fehlenden Wörter, Wortteile oder Endungen.

1. ______ ve ______ günü evde çalıştım.	Am Montag und am Freitag habe ich zu Hause gearbeitet.
2. Salı'dan Perşembe'ye ______ iş seyahatindeydim.	Von Dienstag bis Donnerstag war ich auf einer Geschäftsreise.
3. Cuma günü eve ______.	Am Freitag bin ich nach Hause zurückgekehrt.
4. Ertesi gün ______ .	Am nächsten Tag habe ich mich ausgeruht.
5. ______ günü tatile çıktım.	Am Sonntag bin ich in den Urlaub gefahren.

WIEDERHOLUNG

3 Lesen Sie jetzt den folgenden Text auf Türkisch.

1. Geçen hafta çok yoruldum.
2. Allah'tan Pazartesi tatil günüydü.
3. Hiçbir şey yapmadım.
4. Bayağı dinlendim.
5. Salı günü enerji dolu haftaya başladım.

4 Übersetzen Sie nun die Sätze ins Deutsche.

1. ______________________________
2. ______________________________
3. ______________________________
4. ______________________________
5. ______________________________

5 Jetzt können Sie auf der ersten Seite des Kapitels alle Wörter, die Sie gelernt haben, abhaken.

21

WETTER UND JAHRESZEITEN

Diese 10 türkischen Wörter und Wendungen lernen Sie in dieser Lektion:

041

Kann ich

- yaz *Sommer*
- kış *Winter*
- hava *Wetter*
- kar *Schnee*

LOS GEHT'S

1 Hören Sie sich die einzelnen Sätze mit den Lernwörtern an und lesen Sie mit.

Im Sommer ist das Wetter warm, im Winter kalt.

Yazın		hava	sıcak,	kışın		soğuk.
Yaz	ın	hava	sıcak,	kış	ın	soğuk.
Sommer	**im**	**Wetter**	**warm (ist),**	**Winter**	**im**	**kalt (ist).**
						Hava muss in der Aufzählung nicht wiederholt werden.

Im Türkischen gibt es keine Verben für *regnen, schneien* usw. Stattdessen verwendet man die Konstruktion **(Wetterphänomen) + yağmak: kar** (*Schnee*) + **yağmak** (*niederkommen*) = **kar yağıyor** (*es schneit*). *Blitzen* heißt **şimşek çakıyor** (wörtl. *Blitz schlägt ein*) und für *donnern* sagt man **gök gürlüyor** (wörtl. *der Himmel lärmt/macht Krach*).

Es schneit.

Kar	yağıyor.	
Kar	yağ	ıyor.
Schnee	**niederkomm-**	**t.**
	Stamm von *yağmak*	-(I)yor (gV), Präs., keine Pers. end. bei 3. P. Sg.

◯ yağmak	*regnen, schneien, hageln*	◯ rüzgâr	*Wind*
◯ sonbahar	*Herbst*	◯ ilkbahar	*Frühling*
◯ fırtınalı	*stürmisch*	◯ ılıman	*mild*

Für Temperaturangaben oder Wettereigenschaften, verwendet man im Türkischen die Konstruktion: **hava (*das Wetter ist*) + Temperaturangabe** bzw. **Wetterphänomen + -li (gV) (*mit*)**. Übersetzt wird mit *Das Wetter ist* ... oder nur *Es ist* ...:

Hava sıcak/soğuk ...
(*Das Wetter/Es ist warm/kalt ...*)

Hava yağmurlu/rüzgârlı ...
(*Das Wetter/Es ist regnerisch, windig ...*)

Sıcaklık 15 derece. (wörtl. *Die Wärme beträgt 15 Grad C.)*

Der Frühling ist mild.

İlkbahar		ılıman.
İlk	bahar	ılıman.
Erster	**Frühling**	**mild (ist).**
		keine Pers. end. bei 3. P. Sg.

Im Herbst ist es mild. Es gibt Wind.

Sonbahar		fırtınalı.		Rüzgâr	var.
Son	bahar	fırtına	lı.	Rüzgâr	var.
Letzter	**Frühling**	**Sturm**	**mit (ist).**	**Wind**	**es gibt.**
Während man für *Frühling* auch einfach nur **bahar** statt **ilk bahar** sagen kann, muss bei *Herbst* immer der Begriff **son** mitgenannt werden.			keine Pers. end. bei 3. P. Sg.		nominales Prädikat

VERWANDTE WÖRTER

042

1 Hören Sie sich folgende Wörter an und lesen Sie mit.

yaz	*Sommer*	kış	*Winter*
		sonbahar	*Herbst*
		ilkbahar	*Frühling*
hava	*Wetter*	hava raporu	*Wetterbericht*
kar	*Schnee*	kar topu	*Schneeball*
		kardan adam	*Schneemann*
		kar yağıyor	*es schneit*
		karlı	*mit Schnee*
(Wetterphänomen) + yağmak	*regnen, schneien, hageln …*	yağmur yağıyor	*es regnet*
		dolu yağıyor	*es hagelt*
fırtınalı	*stürmisch*	fırtına	*Sturm; Gewitter*
		şimşek	*Blitz (in der Ferne)*
		yıldırım	*Blitz (in der Nähe)*
		gök gürlemesi	*Donner*
		rüzgâr	*Wind*
		rüzgârlı	*windig*
		dolu	*Hagel*
		güneşli	*sonnig*
		bulut	*Wolke*
		bulutlu	*wolkig*

		parçalı bulutlu	*teilweise bewölkt*
		gri	*grau*
yağmur	*Regen*	yağmur yağıyor	*es regnet*
		şemsiye	*Regenschirm*
		lastik çizme	*Gummistiefel*
		yağmurlu	*regnerisch*
ılıman	*mild*	sert	*streng*
		ısınmak	*wärmer werden*
		derece	*Grad*
		termometre	*Thermometer*
		artı	*plus*
		eksi	*minus*

ÜBEN

1 Verbinden Sie die passenden Wörter.

1. yaz	a) Winter
2. yağmak	b) Sturm
3. ilkbahar	c) Sommer
4. fırtına	d) Herbst
5. kış	e) Regen
6. kar	f) regnen, schneien, hageln
7. yağmur	g) Frühling
8. sonbahar	h) Schnee

2 Ergänzen Sie die fehlenden Wörter, Wortteile oder Endungen.

1. Yazın hava ______ .	Im Sommer ist das Wetter warm.
2. Kışın hava ______ .	Im Winter ist das Wetter kalt.
3. ______ yağıyor.	Es schneit.
4. Hava ______ ve ______ .	Das Wetter ist regnerisch und stürmisch.
5. Parçalı ______ .	Es ist teilweise bewölkt.
6. ______baharda hava ısınıyor.	Im Frühling wird es warm.
7. ______baharda hava gri.	Im Herbst ist das Wetter grau.

WIEDERHOLUNG

3 Lesen Sie jetzt den folgenden Text auf Türkisch.

1. İlkbaharda hava ılıman oluyur.
2. Yazın hava güneşli.
3. Sıcaklık 38 dereceye yükseliyor.
4. Sonbaharda çok rüzgâr var.
5. Kışın -10 (eksi on) derece oluyor.

4 Übersetzen Sie nun die Sätze ins Deutsche.

1. ______________________________
2. ______________________________
3. ______________________________
4. ______________________________
5. ______________________________

5 Jetzt können Sie auf der ersten Seite des Kapitels alle Wörter, die Sie gelernt haben, abhaken.

REISEN

Diese 10 türkischen Wörter und Wendungen lernen Sie in dieser Lektion: 043

Kann ich

- ◯ Ağustos *August*
- ◯ Güney Kore *Südkorea*
- ◯ uçak *Flugzeug*
- ◯ uçmak *fliegen*

LOS GEHT'S

1 Hören Sie sich die einzelnen Sätze mit den Lernwörtern an und lesen Sie mit.

Im August werden wir in den Urlaub fahren.

Ağustos'ta		tatile		gideceğiz.	
Ağustos'	ta	tatil	e	gid	eceğiz.
August	**im**	**Urlaub**	**in**	**geh-**	**en werden wir.**
	Lok. -DA (kV)		Dat. -A (kV)	Stamm von *gitmek*	Futursuffix -ecek (kV), 1. P. Pl.

Wir werden mit dem Flugzeug nach Südkorea fliegen.

Uçakla		Güney Kore'ye			uçacağız.	
Uçak	la	Güney	Kore'	ye	uç	acağız.
Flugzeug	**mit**	**Süd-**	**Korea**	**nach**	**flieg-**	**en werden wir.**
				Dat. -A (kV)	Stamm von *uçmak*	Futursuffix -ecek (kV), 1. P. Pl.

◯ ay	*Monat*
◯ tren	*Zug*
◯ turlamak	*reisen, touren*
◯ Eylül	*September*
◯ gemi	*Schiff*
◯ Japonya	*Japan*

Wir werden einen Monat das Land mit dem Zug bereisen.

Ülkeyi		bir	ay	trenle		turlayacağız.	
Ülke	yi	bir	ay	tren	le	turla	yacağız.
Land		**ein**	**Monat**	**Zug**	**mit**	**bereis-**	**-en werden wir**
	Akk. -(y)I (gV)			*Mit* kann mit **ile** oder **-(y)lA** (kV) wiedergegeben werden: **tren ile** o. **trenle**.		Stamm von *turlamak*	Futursuffix -ecek (kV), 1. P. Pl.

Im September werden wir mit dem Schiff nach Japan übersetzen.

Eylül'de		gemiyle		Japonya'ya		geçeceğiz.	
Eylül'	de	gemi	yle	Japonya'	ya	geç	eceğiz.
September	**im**	**Fähre**	**mit**	**Japan**	**nach**	**übersetz-**	**-en werden wir**
	Lok. -DA (kV)	*Mit* kann mit **ile** oder **-(y)lA** (kV) wiedergegeben werden: **gemi ile** o. **gemiyle**.			Dat. -A (kV)	Stamm von *geçmek*	Futursuffix -ecek (kV), 1. P. Pl.

VERWANDTE WÖRTER

044

1 Hören Sie sich folgende Wörter an und lesen Sie mit.

Ağustos	*August*	ocak	*Januar*
		şubat	*Februar*
		mart	*März*
		nisan	*April*
		mayıs	*Mai*
		haziran	*Juni*
		temmuz	*Juli*
		eylül	*September*
		ekim	*Oktober*
		kasım	*November*
		aralık	*Dezember*
		ocak (ayında)	*im (Monat) Januar*
uçak	*Flugzeug*		
Güney Kore	*Südkorea*	Kuzey Kore	*Nordkorea*
Japonya	*Japan*	Vietnam	*Vietnam*
		Tayland	*Thailand*
		Malezya	*Malaysia*
		Kamboçya	*Kambodscha*
		Tayvan	*Taiwan*
		Çin	*China*

uçmak	*fliegen*	uçacak	*er/sie/es wird fliegen*
		kalkmak	*abheben*
		inmek	*landen*

Mit dem Suffix **-(y)AcAK**, das nur an Verbstämme angehängt werden kann, werden zukünftige Handlungen formuliert.
Tatilde Türkiye'ye gideceğiz.
(*Wir werden in den Ferien in die Türkei fahren.*)

ay	*Monat*	takvim	*Kalender*
tren	*Zug*	tren seyahati	*Zugreise*
turlamak	*touren, herumreisen*	tur	*Tour, geführte Reise*
gemi	*Schiff*	gemi turu	*Kreuzfahrt*
		otobüs turu	*Busreise*
		dünya turu	*Weltreise*
		her şey dahil	*all-inclusive*
		son dakika	*last-minute*
		ayırmak	*buchen*
		rezerve etmek	*reservieren*
		planlamak	*planen*
		hazırlamak	*vorbereiten*
		spontane	*spontan*

ÜBEN

1 Verbinden Sie die passenden Wörter.

1. Ağustos	a) fliegen
2. uçmak	b) Nordkorea
3. Güney Kore	c) August
4. turlamak	d) Monat
5. tren	e) Japan
6. Japonya	f) touren
7. Kuzey Kore	g) Zug
8. ay	h) Südkorea

2 Ergänzen Sie die fehlenden Wörter, Wortteile oder Endungen.

1. Mayıs'ta ______ gideceğiz.	Im Mai fahren wir nach Vietnam.
2. Hanoi'e uç______ .	Wir fliegen nach Hanoi.
3. Sonra ______ ile ______ yapacağız.	Dann machen wir eine Tour mit den Motorrädern.
4. ______ 'da iki ay ______ 'a gideceğiz.	Im Juli gehen wir zwei Monate nach Thailand.
5. Orada ______ ______ tatil yapacağız.	Dort werden wir einen All-Inclusive-Urlaub machen.

WIEDERHOLUNG

3 Lesen Sie jetzt den folgenden Text auf Türkisch.

1. Haziran'da bütün aile tatile çıkacağız.
2. Bu sene son dakika tatil yapacağız.
3. İspanya'ya uçak bileti aldık.
4. Otelleri orada rezerve edeceğiz.
5. Aktiviteleri orada planlayacağız.

4 Übersetzen Sie nun die Sätze ins Deutsche.

1. ______________________________
2. ______________________________
3. ______________________________
4. ______________________________
5. ______________________________

5 Jetzt können Sie auf der ersten Seite des Kapitels alle Wörter, die Sie gelernt haben, abhaken.

23

AM FLUGHAFEN UND AM BAHNHOF

Diese 10 türkischen Wörter und Wendungen lernen Sie in dieser Lektion:

045

Kann ich

- dönüş *Rückreise*
- lazım *es braucht, es ist nötig*
- havalimanı *Flughafen*
- direk *direkt*

LOS GEHT'S

1 Hören Sie sich die einzelnen Sätze mit den Lernwörtern an und lesen Sie mit.

Morgen ist die Rückreise.

Dönüş	yarın.
Dönüş	yarın.
Rückreise	**morgen (ist.)**
	keine Pers.end. bei 3. P. Sg.

Tom muss um 7 Uhr am Flughafen sein.

Tom'un	7'de	havalimanında	
Tom'un	7'de	havalimanı	nda
Toms	**7 um**	**Flughafen**	**am**
-un (Gen.)	Lok. -DA (kV)		Bindekonsonant **n** + Lok. -DA (kV)

Er kann direkt ans Gate.

Direk	çıkış kapısına			gidebilir.	
Direk	çıkış	kapısı	na	gid	ebilir.
Direkt	**Ausgang(s)**	**Tür**	**zu**	**geh-**	**-en er kann.**
			Binde-kons. **n** + Dat. -A (kV)	Stamm von *gitmek* + Bindevokal -(y)A (kV) + Möglichkeitsform -bil (gV) + Aorist (kv/gV). Der Aorist (in der Türkei „breite Zeit" genannt), wird u. a. für höfliche Fragen (**Yardım eder misin?** *Würdest du mir helfen?*), unklare Zukunft (**Yarın gelir!** *Er/Sie kommt (sicherlich) morgen.*) und Gewohnheiten (**O çok çay içer!** *Er/Sie trinkt viel Tee.*) benutzt.	

◯ çıkış kapısı	*Gate*	◯ numaralı	*mit der Nummer*
◯ uçuş korkusu	*Flugangst*	◯ peron	*Gleis*
◯ tren	*Zug*	◯ gar	*Bahnhof*

Neben dem Vollinfinitiv gibt es im Türkischen noch eine zweite Form des Infinitivs – den **Kurzinfinitiv**; diese verliert das **k** der Infinitivendung **-mek/-mak** und endet auf **-me/-ma** (kV). Der Kurzinfinitiv wird nicht mehr als Verb gebraucht, sondern wird zu einem Verbalnomen; das ist ein Verb, das die grammatische Funktion eines Substantivs übernimmt. Er kann flektiert werden und Possessivendungen annehmen.

olması		lazım.
ol	ması	lazım.
sein		**nötig ist.**
Stamm von *olmak* + Kurzinfinitiv -mA (kV) + -sI Poss. 3. P. Sg. (gV)		

Ich habe Flugangst.

Uçuş	korkum		var.
Uçuş	korku	m	var.
Flug	**Angst**	**meine**	**es gibt.**

Mein Zug ist am Bahnhof am Gleis Nummer fünf.

Trenim		garda		beş	numaralı		peronda.	
Tren	im	gar	da	beş	numara	lı	peron	da.
Zug	**mein**	**Bahnhof**	**am**	**fünf**	**Nummer**	**mit**	**Gleis**	**am (ist).**
			Lok. -DA (kV)					Lok. -DA (kV) + keine Pers. end. bei 3. P. Sg.

VERWANDTE WÖRTER

1 Hören Sie sich folgende Wörter an und lesen Sie mit.

dönüş	*Rückreise*	gidiş	*Hinreise*
havalimanı	*Flughafen*	tren istasyonu	*Bahnhof*
		otobüs terminali	*Busterminal*
		liman	*Hafen*
lazım	*es braucht, es ist nötig*	gerekli	*es ist notwendig*
çıkış kapısı	*Gate*	emniyet kontrolü	*Sicherheitskontrolle*
		check-in-gişesi	*Check-in-Schalter*
		gidiş salonu	*Abflughalle*
		geliş salonu	*Ankunfthalle*
		uçuş bilgi ekranı	*Abflugtafel*
uçuş korkusu	*Flugangst*	uçuş	*Flug*
(araba, uçak, otobüs ...) tutuyor	*(im Auto, Flugzeug, Bus ...) reisekrank werden*	korku	*Angst*
		korkmak	*Angst haben*
		heyecanlı	*nervös*
		titremek	*zittern*
		ağlamak	*weinen*
		donmak	*erstarren*
		kalkış	*Abflug*
		iniş	*Ankunft*

		bagaj	*Gepäck*
		el bagajı	*Handgepäck*
		bavul	*Koffer*
		valiz	*Trolley*
		bagaj salonu	*Gepäckhalle*
tren	*Zug*	vagon	*Wagon*
		kompartıman	*Abteil*
		pencere	*Fenster*
		koridor	*Gang*
numara	*Nummer*	sayı	*Zahl*
peron	*Gleis*	ray	*Gleis*
gar	*Bahnhof*	tren istasyonu	*Bahnhof*

ÜBEN

1 Verbinden Sie die passenden Wörter.

1. dönüş	a) Gleis
2. tren istasyonu	b) Rückreise
3. uçuş korkusu	c) es braucht, es ist nötig
4. emniyet kontrolü	d) Hinreise
5. lazım	e) Sicherheitskontrolle
6. havalimanı	f) Flugangst
7. gidiş	g) Bahnhof
8. peron	h) Flughafen

2 Ergänzen Sie die fehlenden Wörter, Wortteile oder Endungen.

1. ______ ne zaman?	Wann ist die Abreise?
2. Saat sekizde ________ da olmamız lazım.	Wir müssen um acht Uhr am Flughafen sein.
3. ______ var.	Wir haben Gepäck.
4. ______e gitmemiz lazım.	Wir müssen zum Check-in gehen.
5. Boarding 31 no'lu _______ kapısında.	Das Boarding ist an Gate 31.

WIEDERHOLUNG

3 Lesen Sie jetzt den folgenden Text auf Türkisch.

1. Araba tutuyor, trene biniyorum.
2. Trene yetişmem lazım.
3. Tren iki numaralı peronda bekliyor.
4. Bavulum yok, çabuk koşabilirim.
5. Çok şükür, yetiştim!

4 Übersetzen Sie nun die Sätze ins Deutsche.

1. ______________________________
2. ______________________________
3. ______________________________
4. ______________________________
5. ______________________________

5 Jetzt können Sie auf der ersten Seite des Kapitels alle Wörter, die Sie gelernt haben, abhaken.

24

IM RESTAURANT

Diese 10 türkischen Wörter und Wendungen lernen Sie in dieser Lektion:

047

Kann ich

◯ lokanta	*Restaurant*	◯ güç bela	*mit Mühe und Not*
◯ dolu	*voll*	◯ yer	*Platz, Tisch*

LOS GEHT'S

1 Hören Sie sich die einzelnen Sätze mit den Lernwörtern an und lesen Sie mit.

Das Restaurant ist sehr voll.

Lokanta	çok	dolu.
Lokanta	çok	dolu.
Restaurant	**sehr**	**voll (ist).**
		keine Pers.end. bei 3. P. Sg.

Anstelle von **lokata** kann man auch **restoran** sagen – beides ist im täglichen Gebrauch zu hören.
Während **lokanta** aus dem Italienschen entleht wurde, stammt **restoran** aus dem Französischen.

Wir fanden mit Mühe und Not einen Platz.

Güç bela		yer	bulduk.	
Güç	bela	yer	bul	duk.
Schwer	**Fluch**	**Platz**	**fand-**	**-en wir.**
Güç bela ist eine Wendung, die nicht wörtlich übersetzt werden kann, sondern sinngemäß mit *mit Mühe und Not* wiedergegeben wird.			Stamm von *bulmak*	di-Verg., Pers.endung Typ 2, 1. P. Pl.

- yemek *Essen*
- içecek *Getränk (alkoholfrei)*
- içki *Getränk (alkoholisch)*
- ısmarlamak *bestellen*
- garson *Kellner/-in*
- hesap *Rechnung*

Wir bestellen Essen und Getränke.

Yemek,	içecek	ve	içki	ısmarladık.	
Yemek,	içecek	ve	içki	ısmarla	dık.
Essen,	**Getränke (alkoholfrei)**	**und**	**Getränke (alkoholisch)**	**bestell-**	**-ten wir.**
	Im Türkischen gibt es zwei unterschiedliche Begriffe für Getränke, je nachdem, ob diese Alkohol enthalten oder nicht. Fragen Sie nach **içki**, wird man Ihnen in einem Lokal die Wein- und Spirituosenkarte bringen.				di-Verg., Pers.endung Typ 2, 1. P. Pl.

Herr Kellner, die Rechnung bitte!

Garson	bey,	hesap	lütfen!
Garson	bey,	hesap	lütfen!
Kellner	**Herr,**	**(die) Rechnung**	**bitte!**
Bei einer Kellnerin sagen Sie **garson hanım** (*Frau Kellnerin*).			

Achtung!
Verwechseln Sie **hesap** nicht mit **fatura**. Das bedeutet zwar auch *Rechung*, allerdings eine für Strom, Reparaturen o. Ä.
Und wenn Sie eine *Quittung* benötigen ist **makbuz** der richtige Begriff.

VERWANDTE WÖRTER

048

1 Hören Sie sich folgende Wörter an und lesen Sie mit.

lokanta	*Restaurant*	bar	*Bar*
		kafe	*Café*
		aile lokantası	*Familienrestaurant*
		gurme restoran	*Gourmetrestaurant*
		fast food lokantası	*Fast Food-Restaurant*
dolu	*voll*	tıklım tıklım dolu	*brechend voll*
		boş	*leer*
		bomboş	*gähnend leer*
		kuyruk	*Schlange*
		kapı	*Tür*
güç bela	*mit Mühe und Not*	zor	*schwierig*
yer	*Platz, Tisch*	yer ayırtmak	*einen Platz/Tisch reservieren*
yemek	*Essen*	yemek yemek	*essen (Verb, wörtl. Essen essen)*
		lezzetli	*lecker*
		tatsız	*fad*
		vejetaryen	*vegetarisch*
		vegan	*vegan*

içecek	*Getränk (alkoholfrei)*	içmek	*trinken*
		su	*Wasser*
		maden suyu	*Mineralwasser*
		gazlı	*mit Kohlensäure*
		gazsız	*ohne Kohlensäure*
		meyve suyu	*Fruchtsaft*
		limonata	*Limonade*
		kola	*Cola*
		gazoz	*Brauselimonade*
içki	*Getränk (alkoholisch)*	şarap	*Wein*
		bira	*Bier*
		rakı	*Raki (Anisschnaps)*
		vodka	*Wodka*
		cin	*Gin*
		viski	*Whisky*
		kokteyl	*Cocktail*
ısmarlamak	*bestellen*	mönü	*Menü*
garson	*Kellner/-in*	aşçı	*Koch/Köchin*
		dikkatli	*aufmerksam*
		dikkatsiz	*unaufmerksam*
hesap	*Rechnung*	ödemek	*bezahlen*
		bahşiş	*Trinkgeld*

ÜBEN

1 Verbinden Sie die passenden Wörter.

1. lokanta	a) voll
2. yemek	b) Platz
3. dolu	c) Getränk
4. ısmarlamak	d) bestellen
5. garson	e) Kellner/-in
6. yer	f) finden
7. içecek	g) Essen
8. bulmak	h) Restaurant

2 Ergänzen Sie die fehlenden Wörter, Wortteile oder Endungen.

1. Bu lokanta ______ .	Dieses Restaurant ist leer.
2. Yandaki lokanta tıklım tıklım ______ .	Das Restaurant nebenan ist brechend voll.
3. Kapıda ______ var.	An der Tür ist eine Schlange.
4. ______ çok lezzetli.	Das Essen ist sehr lecker.
5. ______ de iyi.	Die alkoholischen Getränke sind auch gut.
6. ______ yemekler de var.	Es gibt auch vegane Gerichte.

WIEDERHOLUNG

3 Lesen Sie jetzt den folgenden Text auf Türkisch.

1. Bu lokanta bomboş.
2. Yemekler iyi değil.
3. İçkiler çok pahalı.
4. Garsonlar dikkatsiz.
5. Pek de temiz değil.

4 Übersetzen Sie nun die Sätze ins Deutsche.

1. ______________________________
2. ______________________________
3. ______________________________
4. ______________________________
5. ______________________________

5 Jetzt können Sie auf der ersten Seite des Kapitels alle Wörter, die Sie gelernt haben, abhaken.

25

WOHNEN

Diese 10 türkischen Wörter und Wendungen lernen Sie in dieser Lektion:

049

Kann ich

- apartman *Apartmenthaus*
- daire *Wohnung*
- kira *Miete*
- ikinci *zweite/-e/-s*

LOS GEHT'S

1 Hören Sie sich die einzelnen Sätze mit den Lernwörtern an und lesen Sie mit.

Wir wohnnen in einem Apartmenthaus zur Miete.

Apartmanda		kirada		oturuyoruz.	
Apartman	da	kira	da	otur	uyoruz.
Apartment-haus	**in**	**Miete**	**zu**	**wohn-**	**-en wir.**
	Lok. -DA (kV)		Lok. -DA (kV)	Stamm von *oturmak*	-(I)yor (gV), Präs., 1. P. Pl.

Unsere Wohnung ist im zweiten Stock.

Dairemiz		ikinci		katta.	
Daire	miz	iki	nci	kat	ta.
Wohnung	**unsere**	**zwei**	**-ter**	**Stock**	**im (ist).**
	Poss. -(I)m Iz, 1. P. Pl.		Ordnungszahlen werden im Türkischen durch das Suffix -(I)ncI (gV), das an die Kardinalzahl angehängt wird, wiedergegeben.		keine Pers.end. bei 3. P. Sg.

◯ kat	*Stockwerk, Etage*	◯ tavan	*Decke*
◯ satın almak	*kaufen*	◯ Verbstamm + -(y)AmAmAk	*Kompetenzverb für die Wiedergabe von **nicht können** und **nicht dürfen***
◯ fiyat	*Preis*	◯ imkansız	*unmöglich*

Wir können kein Haus kaufen. Die Preise sind exorbitant.

Ev	alamıyoruz.			Fiyatlar		tavanda.	
Ev	al	amı	yoruz.	Fiyat	lar	tavan	da.
Haus	**kauf-**	**-en nicht können**	**wir.**	**Preis**	**e**	**Decke**	**an (sind).**
	Stamm von *almak*		-(I)yor (gV), Präs., 1. P. Pl.				Lok. -DA (kV) + keine Pers.end. bei 3. P. Sg.

In Istanbul ist es unmöglich, ein Haus zu kaufen.

İstanbul'da		ev	almak		imkansız.	
İstanbul'	da	ev	al	mak	imkan	sız.
Istanbul	**in**	**Haus**	**kauf-**	**-en**	**Möglichkeit**	**ohne.**
	Lok. -DA (kV)		Stamm von *almak*	-mAk (kV) Infinitiv	Das deutsche Präfix „un-" sowie das Suffix „-los" werden im Türkischen mit dem Suffix **-sIz** (gV) (*ohne*) gebildet: korku (Furcht) + suz = korkusuz (*furchtlos*)	

VERWANDTE WÖRTER

050

❶ Hören Sie sich folgende Wörter an und lesen Sie mit.

apartman	*Apartmentgebäude*		
kira	*Miete*	kiracı	*Mieter/-in*
		kirada oturmak	*zur Miete wohnen*
		kira ödemek	*Miete zahlen*
		kira kontratı	*Mietvertrag*
daire	*Wohnung*	stüdyo	*Studio; Ein-Zimmer-Apartment*
		oda	*Zimmer, Raum*
		(...) odalı	*mit (...) Zimmern*
ikinci	*zweite/-e/-s*	birinci	*erste/-r/-s*
		üçüncü	*dritte/-r/-s*
		dördüncü	*vierte/-r/-s*
		beşinci	*fünfte/-r/-s*
		altıncı	*sechste/-r/-s*
		yedinci	*siebte/-r/-s*
		sekizinci	*achte/-r/-s*
		dokuzuncu	*neunte/-r/-s*
		onuncu	*zehnte/-r/-s*
kat	*Etage, Stockwerk*	bodrum katı	*Kellergeschoss*
		giriş katı	*Erdgeschoss*
		çatı katı	*Dachgeschoss*

satın almak	*kaufen*	satmak	*verkaufen*
		satış	*Verkauf*
		almak	*nehmen; kaufen*
		satıcı	*Verkäufer/-in*
		alıcı	*Käufer/-in*
		satış fiyatı	*Verkaufspreis*
		borç	*Schulden*
		borçlanmak	*sich verschulden*
		ipotek	*Hypothek*
		ev sahibi	*Hauseigentümer/-in*
fiyat	*Preis*	pahalı	*teuer*
		tuzlu	*gesalzen (Preis)*
tavan	*Decke*	tavana fırlamak	*an die Decke gehen (Preise, Werte)*
Verbstamm + -(y)AmAmAk	*Kompetenzverb für die Wiedergabe von **nicht können** und **nicht dürfen***	Verbstamm + -(y)AbIlmAk	*Kompetenzverb für die Wiedergabe von **können** und **dürfen***
mümküm	*möglich*	mümküm değil	*nicht möglich*
		imkansız	*unmöglich*
		bayağı	*ziemlich*
başka türlü	*anders*	tür	*Art*
		başka	*anders, verschieden*

ÜBEN

1 Verbinden Sie die passenden Wörter.

1. apartman	a) Wohnung
2. ikinci	b) Apartmenthaus
3. fiyat	c) Miete
4. tavan	d) kaufen
5. kat	e) Preis
6. satın almak	f) Stockwerk, Etage
7. daire	g) Decke
8. kira	h) zweite/-r/-s

2 Ergänzen Sie die fehlenden Wörter, Wortteile oder Endungen.

1. Ali ______ oturuyor.	Ali wohnt zur Miete.
2. Daire satın ______ istiyor.	Er möchte eine Wohnung kaufen.
3. Ama ______ değil.	Aber das ist nicht möglich.
4. Fiyatlar ______ .	Die Preise sind an der Decke.
5. Bir şey ______mıyor.	Es kann nichts kaufen.

WIEDERHOLUNG

3 Lesen Sie jetzt den folgenden Text auf Türkisch.

1. Bugün ev satın aldık.
2. Geçen ay kredi aldık.
3. Bayağı borçlandık, ev ipotekli.
4. 25 sene borç ödeyeceğiz.
5. Başka türlü ev almak mümkün değil.

4 Übersetzen Sie nun die Sätze ins Deutsche.

1. ______________________________
2. ______________________________
3. ______________________________
4. ______________________________
5. ______________________________

5 Jetzt können Sie auf der ersten Seite des Kapitels alle Wörter, die Sie gelernt haben, abhaken.

RÄUME, MÖBEL, FARBEN

Diese 10 türkischen Wörter und Wendungen lernen Sie in dieser Lektion: 051

Kann ich

◯ oturma odası	*Wohnzimmer*	◯ beyaz	*weiß*
◯ mobilya	*Möbel*	◯ kanepe	*Sofa*

LOS GEHT'S

1 Hören Sie sich die einzelnen Sätze mit den Lernwörtern an und lesen Sie mit.

Die Möbel im Wohnzimmer sind weiß.

Oturma odasındaki			mobilyalar		beyaz.
Oturma	odası	ndaki	mobilya	lar	beyaz.
Wohn-	**zimmer**	**die in**	**Möbel**		**weiß (sind).**
			Pluralendung -lAr (kV)		Auf die Pluralendung wurde verzichtet, da **mobilyalar** bereits den Plural anzeigt

Die Schränke in der Küche sind orangefarben.

Mutfak	dolapları		portakal rengi.	
Mutfak	dolap	ları	portakal	rengi.
Küche	**Schrank**		**orange**	**-farben (sind).**
		Plural -lAr (kV) + Akk.		

◯ kahverengi	*braun*	◯ portakal rengi	*orangefarben*
◯ mutfak	*Küche*	◯ halı	*Teppich*
◯ dolap	*Schrank*	◯ rengârenk	*kunterbunt*

Das Sofa ist braun.

Kanepe	kahverengi.
Kanepe	kahverengi.
Sofa	**braun (ist).** keine Pers.end. bei 3. P. Sg.

Farbbezeichnungen beinhalten im Türkischen das Wort **rengi** (-farben), vor allem, wenn es Farben sind, die einen Gegenstand bezeichnen, z. B.: **kahverengi** (braun = wörtl. kaffeefarben), **portakal rengi** (orange = wörtl. Farbe einer Orange)

Die Teppiche sind kunterbunt.

Halılar		rengârenk.
Halı	lar	rengârenk.
Teppich	**-e** Plural -lAr (kV)	**kunterbunt (sind).**

Rengarenk ist ein Beispiel für eine Verstärkung, wie sie im Türkischen häufig bei Adjektiven vorkommt. Durch Voranstellen eines ähnlich klingenden – oft bedeutungsfreien „Wortes" – wird das Adjektiv verstärkt:
dolu (*voll*) → **dop**dolu (*brechend voll*)
boş (*leer*) → **bom**boş (*gähnend leer*)

VERWANDTE WÖRTER

052

1 Hören Sie sich folgende Wörter an und lesen Sie mit.

oturma odası	*Wohnzimmer*	yatak odası	*Schlafzimmer*
mutfak	*Küche*	misafir odası	*Gästezimmer*
		çocuk odası	*Kinderzimmer*
		çalışma odası	*Arbeitszimmer*
		banyo	*Bad*
		tuvalet	*Toilette*
		balkon	*Balkon*
		teras	*Terasse*
mobilya	*Möbel*	bahçe mobilyası	*Gartenmöbel*
kanepe	*Sofa*	yatak	*Bett*
dolap	*Schrank*	şezlong	*Chaiselonge*
koltuk	*Sessel*	sandalye	*Stuhl*
		tabure	*Hocker*
		komodin	*Kommode, Nachttisch*
		raf	*Regal*
		sehpa	*Couchtisch*
		asma dolap	*Hängeschrank*
beyaz	*weiß*	krem rengi	*cremefarben*
kahverengi	*braun*	bej	*beige*

portakal rengi	*orangefarben*	sarı	*gelb*
		kırmızı	*rot*
		pembe	*rosa, pink*
		mor	*lila*
		eflatun	*violett*
		mavi	*blau*
		lacivert	*dunkelblau*
		turkuaz	*türkiz*
		yeşil	*grün*
		gri	*grau*
		siyah	*schwarz*
rengârenk	*kunterbunt*	renkli	*bunt, farbig*
		siyah beyaz	*schwarz weiß*
		soluk renk	*blasse Farbe*
		parlak renk	*leuchtende Farbe*
halı	*Teppich*	paspas	*Fußabtreter*
		perde	*Vorhang*
		jaluzi	*Jalousie*
		yastık	*Kissen*
		battaniye	*(Woll)Decke*

ÜBEN

1 Verbinden Sie die passenden Wörter.

1. oturma odası →	a) Sofa
2. mutfak	b) orangefarben
3. beyaz	c) Schrank
4. dolap	d) Wohnzimmer
5. yatak odası	e) weiß
6. lacivert	f) Küche
7. kanepe	g) dunkelblau
8. portakal rengi	h) Schlafzimmer

2 Ergänzen Sie die fehlenden Wörter, Wortteile oder Endungen.

1. Mutfaktaki ______ beyaz.	Der Schrank in der Küche ist weiß.
2. Yatak ______.	Das Bett ist dunkelblau.
3. Koltuk ______ .	Der Sessel ist braun.
4. ______ bej.	Das Sofa ist beigefarben.
5. Çocuk odasındaki masa ______ rengi.	Der Tisch im Kinderzimmer ist orangefarben.
6. ______ desenli.	Die Teppiche sind gemustert.

WIEDERHOLUNG

3 Lesen Sie jetzt den folgenden Text auf Türkisch.

1. Evimizdeki mobilyalar rengârenk.
2. Yatak kırmızı.
3. Dolaplar yeşil.
4. Misafir odasındaki halı mor.
5. Terastaki koltuklar sarı.

4 Übersetzen Sie nun die Sätze ins Deutsche.

1. ____________________
2. ____________________
3. ____________________
4. ____________________
5. ____________________

5 Jetzt können Sie auf der ersten Seite des Kapitels alle Wörter, die Sie gelernt haben, abhaken.

27

IM KLEIDUNGSGESCHÄFT

Diese 10 türkischen Wörter und Wendungen lernen Sie in dieser Lektion:

053

Kann ich

- pardon *Verzeihung*
- kabin *Umkleidekabine*
- pantolon *Hose*
- dar *eng*

LOS GEHT'S

1 Hören Sie sich die einzelnen Sätze mit den Lernwörtern an und lesen Sie mit.

Verzeihung, wo ist die Umkleidekabine?

Pardon,	kabin	nerede?
Pardon,	kabin	nerede?
Verzeihung,	**Umkleide-kabine**	**wo (ist)?**

Diese Hose ist etwas eng.

Bu	pantolon	biraz	dar.
Bu	pantolon	biraz	dar.
Diese	**Hose**	**etwas**	**eng (ist).** keine Pers. end. bei 3. P. Sg.

Welche Größe hat sie?

Kaç	beden?
Kaç	beden?
Welche	**Größe (sie ist)?**

Größe 36.

36	beden.
36	beden.
36	**Größe.**

Das Wort *Größe* hat auf Türkisch – je nach Bedeutung – unterschiedliche Übersetzungen:
beden (Kleidergröße)
numara (Schuhgröße)
boy (Körpergröße, Formate)
güç (charakterliche Stärke)
büyüklük (allgemeine Größe von Gegenständen usw.)

- beden *Größe*
- büyüğünü größere/-r/-s
- denemek anprobieren
- yok *nein*
- onun yerine stattdessen
- etek Rock

Büyüğünü (*seine große*) hat eine Possessivendung (**büyüğü**), die sich auf das davor erwähnte Wort *Hose* bezieht.

Möchten Sie eine Nummer größer anprobieren?

Bir	numara	büyüğünü		denemek	ister misiniz?		
Bir	numara	büyük	ünü	denemek	ister	mi	siniz?
Eine	**Nummer**	**größer**		**anprobieren**	**möcht-**		**-en Sie?**
		Lautwandel aufgrund des folgenden Suffixes: k → ğ	Poss.end. 3. P. Sg. (ü), pronominales n, Akk.	-mAk (kV) Infinitiv	Stamm von *istemek* + *Aoristend.*	Fragepartikel mI (gV) + Präs. 1. P. Pl.	

Nein, stattdessen will ich einen Rock anprobieren.

Yok,	onun yerine			bir	etek	deneyeyim.	
Yok,	onun	yer	ine	bir	etek	dene	yeyim.
Nein,	**seine**	**Stelle**	**an**	**ein**	**Rock**	**anprobier-**	**-en ich will.**
	Poss. pron. 3. P. Sg.	Poss.end. 3.Pers.Sg (i), pronominales n, Dat.				Stamm von *denemek*	-(y)AyIm (gV/kV) Voluntativ, 1. P. Pl.

VERWANDTE WÖRTER

054

1 Hören Sie sich folgende Wörter an und lesen Sie mit.

kabin	*(Umkleide)Kabine*	ayna	*Spiegel*
pantolon	*Hose*	şort	*Shorts*
etek	*Rock*	pantolon etek	*Hosenrock*
		mini etek	*Minirock*
		tayt	*Leggings*
		tişört	*T-Shirt*
		bluz	*Bluse*
		gömlek	*Hemd*
		kazak	*Pullover*
		hırka	*Strickjacke*
		ceket	*Jacke*
		manto	*Mantel*
		yelek	*Weste*
		takım elbise	*Anzug*
		kostüm	*Kostüm*
		şal	*Schal*
		eşarp	*Tuch*
		kravat	*Krawatte*
		papyon (kravat)	*Fliege*
		aksesuar	*Accessoire*

		çorap	*Socke, Strumpf*
		naylon çorap	*Nylonstrümpfe*
		külotlu çorap	*Strumpfhose*
		iç çamaşırı	*Unterwäsche*
		külot	*Unterhose*
		sütyen	*BH*
dar	*eng*	bol	*weit*
beden	*Größe (Kleidung)*	numara	*Größe (Schuhe)*
bir beden/ numara büyüğü	*eine Größe/Nummer größer*	bir beden/numara küçüğü	*eine Größe/Nummer kleiner*
denemek	*anprobieren*	giymek	*anziehen*
		çıkarmak	*ausziehen*
		sığmak	*hineinpassen*
		yakışmak	*gut stehen*
yok	*nein*		
onun yerine	*stattdessen*	onunla beraber	*zusammen damit*

ÜBEN

1 Verbinden Sie die passenden Wörter.

1. yok	a) Hose
2. bluz	b) Rock
3. beden	c) Umkleidekabine
4. pantolon	d) eng
5. kabin	e) nein
6. kazak	f) Größe
7. etek	g) Pullover
8. dar	h) Bluse

2 Ergänzen Sie die fehlenden Wörter, Wortteile oder Endungen.

1. Bu ______ biraz ______.	Diese Bluse ist etwas eng.
2. Bu ______ da ______.	Und diese Hose ist weit.
3. ______ nasıl?	Wie ist der Pullover?
4. ______ mu? (oturmak)	Sitzt er?
5. Bir numara ______ var mı?	Gibt es ihn eine Nummer größer?
6. ______, saadece 40 ______ var.	Nein, es gibt nur Größe 40.
7. ______ nerede?	Wo ist die Umkleidekabine?

WIEDERHOLUNG

3 Lesen Sie jetzt den folgenden Text auf Türkisch.

1. AVM'de elbise mağazaları var.
2. Kot pantolon ve hırka arıyorum.
3. Bana iş için bir takım elbise lazım.
4. Bir çok giysi deniyorum.
5. Maalesef ya dar ya bol geliyor.

4 Übersetzen Sie nun die Sätze ins Deutsche.

1. __________
2. __________
3. __________
4. __________
5. __________

5 Jetzt können Sie auf der ersten Seite des Kapitels alle Wörter, die Sie gelernt haben, abhaken.

AUF DEM MARKT

Diese 10 türkischen Wörter und Wendungen lernen Sie in dieser Lektion: 055

Kann ich

- ◯ sebze *Gemüse*
- ◯ pazar *Markt*
- ◯ bitirmek *aufbrauchen*
- ◯ meyve *Obst*

LOS GEHT'S

1 Hören Sie sich die einzelnen Sätze mit den Lernwörtern an und lesen Sie mit.

Wir haben das Gemüse aufgebraucht.

Sebzeleri		bitirdik.	
Sebze	leri	bitir	dik.
Gemüse		**aufbrauch-**	**-ten wir.**
	Plural -lAr (kV) + Akkusativ zur Bestimmung	Stamm von *bitirmek*	di-Verg. (gV), Pers.end. Typ 2, 1. P. Pl.

Der türkische **pazar** ist ein Obst- und Gemüsemarkt, auf dem auch Haushaltswaren und oft auch Kleidung verkauft wird. Er findet immer im Freien statt und hat nichts mit dem deutschen *Bazar* zu tun; dieser heißt auf Türkisch **çarşı**, – was gleichzeitig auch den Teil einer Stadt bezeichnet, wo sich die meisten Geschäfte befinden.

Lass uns auf den Markt gehen.

Pazara		gidelim.	
Pazar	a	gid	elim.
Markt	**auf**	**geh-**	**-en lass uns.**
	Dat. -A (kV)	Stamm von *gitmek*	Voluntativ, 1. P. Pl.

- ◯ çilek *Erdbeere*
- ◯ taze *frisch*
- ◯ kilo *Kilo*
- ◯ patates *Kartoffel*
- ◯ gram *Gramm*
- ◯ kiraz *Kirsche*

Lass uns auch Obst kaufen.

Meyve	de	alalım.	
Meyve	de	al	alım.
Markt	**auch**	**kauf-**	**-en lass uns.**
	dE (kV)	Stamm von *almak*	-(y)Ilm (gV) Voluntativ, 1. P. Pl.

Die Erdbeeren sind frisch.

Çilek	ler	taze.
Çilek	ler	taze.
Erbeere	**-n**	**frisch (sind).**
	Plural -lAr (kV)	Auf die Pluralendung wurde verzichtet, da **çilekler** bereits den Plural anzeigt

Das Suffix für den **Voluntativ** (Wunschform 1. P. Pl.) hat zwei Formen: **-(y)alım** bzw. **-(y)elim**. Es ist eine Mischung aus **a/e (kV)** und **lım/lim** (gV). Mit dem Voluntativ werden **Vorschläge (Sinemaya gidelim mi?** – *Wollen wir ins Kino gehen?*) oder **Aufforderungen (Haydi, kalkalım!** – *Lass uns aufstehen!*) formuliert. Mit einer Frage möchte der Sprecher/die Sprecherin die Meinung des Gesprächspartners / der Gesprächspartnerin wissen: **Bu akşam ne yapalım?** – *Was wollen wir heute Abend machen?*

Ein Kilo Kartoffeln und 500 Gramm Kirschen, bitte.

Bir	kilo	patates	ve	500	gram	kiraz,	lütfen.
Bir	kilo	patates	ve	500	gram	kiraz,	lütfen.
Ein	Kilo	Kartoffeln	und	500	Gramm	Kirschen,	bitte.

VERWANDTE WÖRTER

056

❶ Hören Sie sich folgende Wörter an und lesen Sie mit.

sebze	*Gemüse*	zerzevat	*Gemüse*
		patates	*Kartoffel*
		lahana	*Kohl*
		salata	*Salat*
		turp	*Rettich, Radischen*
		soğan	*Zwiebel*
		kabak	*Zucchini, Kürbis*
		patlıcan	*Aubergine*
		domates	*Tomate*
		sarımsak	*Knoblauch*
		havuç	*Karotte*
		karnabahar	*Blumenkohl*
		brokoli	*Brokkoli*
		Brüksel lahanası	*Rosenkohl*
		fasulye	*Bohne*
		bezelye	*Erbse*
		mercimek	*Linse*
		mantar	*Pilz*
		salatalık	*Gurke*
bitirmek	*aufbrauchen*	yetmek	*reichen*

pazar	*Markt*	manav	*Obst- und Gemüsehändler/-in; auch: Laden, in dem Obst und Gemüse verkauft wird*
		satıcı	*Händler/-in*
		Bakar mısınız?	*Schauen Sie mal, bitte?*
meyve	*Obst*	elma	*Apfel*
çilek	*Erdbeere*	armut	*Birne*
kiraz	*Kirsche*	karpuz	*Wassermelone*
		kavun	*(Honig-, Zucker-) Melone*
		erik	*Pflaume*
		şeftali	*Pfirsich*
		kayısı	*Aprikose*
		kivi	*Kiwi*
		ananas	*Ananas*
taze	*frisch*	bayat	*alt (Frische)*
		çürük	*verfault, angefault*
		kaliteli	*von guter Qualität*
kilo(gram)	*Kilo(gramm)*	yarım	*halb (0,5)*
gram	*Gramm*	kutu	*Kiste; Päckchen*
		kasa	*Kiste*
		çuval	*Sack*

ÜBEN

1 Verbinden Sie die passenden Wörter.

1. sebze	a) Obst
2. meyve	b) Markt
3. pazar	c) Verkäufer/-in
4. ihtiyacı olmak	d) Kirsche
5. satıcı	e) Gemüse
6. kiraz	f) Apfel
7. elma	g) Kartoffel
8. patates	h) brauchen

2 Ergänzen Sie die fehlenden Wörter, Wortteile oder Endungen.

1. ______ da her şey var.	Auf dem Markt gibt es alles.
2. ______ bol.	Es gibt viel Obst.
3. Sebze de ______ .	Es gibt auch viel Gemüse.
4. Zerzevata ______ var.	Ich brauche Gemüse.
5. ______ mısınız?	Schauen Sie bitte!
6. 1 ______ ______ .	1 Kilo Äpfel.
7. Ve 500 ______ çilek, lütfen.	Und 500 Gramm Erdbeeren, bitte.

WIEDERHOLUNG

3 Lesen Sie jetzt den folgenden Text auf Türkisch.

1. Evde zerzevat eksik.
2. Yarın pazara gidelim.
3. Bol bol meyve ve sebze alalım.
4. Parzardaki mallar kaliteli.
5. Satıcılar da iyi fiyat yapıyorlar.

4 Übersetzen Sie nun die Sätze ins Deutsche.

1. ______________________________
2. ______________________________
3. ______________________________
4. ______________________________
5. ______________________________

5 Jetzt können Sie auf der ersten Seite des Kapitels alle Wörter, die Sie gelernt haben, abhaken.

29

BEIM ARZT

Diese 10 türkischen Wörter und Wendungen lernen Sie in dieser Lektion:

057

Kann ich

- ◯ fena *schlimm*
- ◯ baş *Kopf*
- ◯ üşütmek *sich erkälten*
- ◯ ağrımak *schmerzen*

LOS GEHT'S

1 Hören Sie sich die einzelnen Sätze mit den Lernwörtern an und lesen Sie mit.

Ich habe mich schlimm erkältet.

Fena	üşüttüm.	
Fena	üşüt	tüm.
Schlimm	**erkält-**	**-et ich habe mich.**
	Stamm von *üşütmek*	di-Vergangenheit, 1. P. Sg.

Mein Kopf

Başım	
Baş	ım
Kopf	**mein**
	Poss. -(I)m, 1. P. Sg.

Meine Nase ist auch verstopft.

Burnum		da	tıkanık.	
Bur[u]n	um	da	tıkan	ık.
Nase	**meine**	**auch**	**verstopf-**	**-t (ist).**
Bei einigen Wörtern fällt in der 2. Silbe der Vokal aus, wenn an das Wort ein Suffix, das mit Vokal beginnt, angehängt wird.	Poss. -(I)m, 1. P. Sg.	(kV)	Stamm von *tıkanmak*	keine Pers. end. bei 3. P. Sg.

Für zugezogene Krankheiten gibt es entweder eigene Verben (s. **üşütmek** – *sich erkälten*) oder sie werden mit **(Krankheit) + olmak** wiedergegeben. Z. B. **grip olmak**: **Grip oldum.** → *Ich habe Grippe.* (wörtl. *Ich bin Grippe geworden.*).

◯ boğaz	*Hals, Rachen*	◯ tıkanık	*verstopft*
◯ yanmak	*brennen*	◯ ilaç	*Medikament*
◯ burun	*Nase*	◯ hap	*Tablette*

schmerzt, mein Hals brennt.

ağrıyor,		boğazım		yanıyor.	
ağrı	yor,	boğaz	ım	yan	ıyor.
schmerz-	**-t,**	**Hals**	**mein**	**brenn-**	**-t.**
Stamm von *ağrımak*	-(I)yor (gV), Präs., keine Pers.end. bei 3. P. Sg.		Poss. -(I)m, 1. P. Sg.	Stamm von *yanmak*	yor-Präsens, 3. P. Sg.

Der Arzt hat Medikamente verschrieben, ich nehme Tabletten.

Doktor	ilaç	yaz	dı,	hap	al	ıyorum.
Doktor	ilaç	yaz	dı,	hap	al	ıyorum.
Arzt	**Medi-kament**	**verschrieb-**	**-en hat**	**Tablette**	**nehm-**	**e ich.**
		Stamm von *yazmak*	di-Verg. (gV), keine Pers.end. bei 3. P. Sg.		Stamm von *almak*	yor-Präsens, 1. P. Sg.

VERWANDTE WÖRTER

058

❶ Hören Sie sich folgende Wörter an und lesen Sie mit.

fena	*schlimm*	felaket	*schrecklich*
		ağır	*schwer*
		hafif	*leicht*
üşütmek	*sich erkälten*	hastalanmak	*krank werden*
		grip olmak	*Grippe haben/ bekommen*
		grip	*Grippe*
		öksürük	*Husten*
		öksürmek	*husten*
		aksırmak	*niesen*
baş	*Kopf*	baş ağrısı	*Kopfschmerzen*
boğaz	*Hals, Rachen*	boğaz ağrısı	*Halsschmerzen*
burun	*Nase*	nezle olmak	*Schnupfen haben/ bekommen*
		nezle	*Schnupfen*
ağrımak	*schmerzen, weh tun*	batmak	*stechen*
yanmak	*brennen*	zonklamak	*pochen*
batmak	*stechen*	akmak	*laufen (Nase), tränen*
uyuşmak	*taub werden*		

tıkanık	*verstopft*	beton (ugs.)	*zubetoniert*
		açık	*frei, offen*
		yaralı	*verletzt*
		iltihaplı	*entzündet*
		kızarık	*gerötet*
ilaç	*Medikament*	şurup	*Sirup, Hustensaft*
hap	*Tablette*	melhem	*Salbe*
		pastil	*Pastillen*
		inhalasyon	*Inhalation*
		ağrı kesici	*Schmerzmittel*
		antibiyotik	*Antibiotikum*
		homeopatik ilaç	*homöopathisches Medikament*

ÜBEN

1 Verbinden Sie die passenden Wörter.

1. fena	a) Tablette
2. ilaç	b) Kopf
3. burun	c) verstopft
4. boğaz	d) schlimm
5. üşütmek	e) erkälten
6. tıkanık	f) Hals
7. baş	g) Nase
8. hap	h) Medikament

2 Ergänzen Sie die fehlenden Wörter, Wortteile oder Endungen.

1. Çok ______ üşüttüm.	Ich habe mich stark erkältet.
2. ______ ağrıyor.	Mein Kopf schmerzt.
3. ______ akıyor.	Meine Nase läuft.
4. Boğazım ______ .	Mein Hals brennt.
5. Doktor ______ yazdı.	Der Arzt hat mir Medikamente verschrieben.
6. Günde üç kere ______ alıyorum.	Ich nehme drei Mal am Tag Tabletten.

WIEDERHOLUNG

3 Lesen Sie jetzt den folgenden Text auf Türkisch.

1. Çocuklar hasta.
2. Bedri grip oldu.
3. Sabriye'ye de bulaştırdı.
4. Fena öksürüyorlar.
5. Ateşleri de var.

4 Übersetzen Sie nun die Sätze ins Deutsche.

1. ______________________________
2. ______________________________
3. ______________________________
4. ______________________________
5. ______________________________

5 Jetzt können Sie auf der ersten Seite des Kapitels alle Wörter, die Sie gelernt haben, abhaken.

Soziale Medien

Diese 10 türkischen Wörter und Wendungen lernen Sie in dieser Lektion: 059

✓ **Kann ich**

○ sosyal medya	*Soziale Medien*	○ düşkün	*süchtig*
○ internet	*Internet*	○ bin	*tausend*

Los geht's

1 Hören Sie sich die einzelnen Sätze mit den Lernwörtern an und lesen Sie mit.

Pınar ist süchtig nach Sozialen Medien und Internet.

Pınar	sosyal	medya	ve	internete		düşkün.
Pınar	sosyal	medya	ve	internet	e	düşkün.
Pınar	**sozial**	**Medien**	**und**	**Internet**	**nach** Dat. -A (kV)	**süchtig (ist).** keine Pers.end. bei 3. P. Sg.

Sie hat 150 000 Follower/-innen.

Yüz elli bin (150 000)			takipçisi			var.
Yüz (100)	elli (50)	bin (1000)	takip	çi	si	var.
Hundert	**fünfzig**	**tausend**	**Folge**	Suffixendung -CI (gV) zur Bezeichnung einer Person, die etw. tut.	Poss. -s(I), 3. P. Sg.	**es gibt.** nom. Präd.

○	takipçi	*Follower/-innen*	○ gece gündüz	*Tag und Nacht (wörtl. Nacht und Tag)*
○	meşhur	*berühmt*	○ cep telefonu	*Handy (wörtl. Taschentelefon)*
○	influencer	*Influencer/-in*	○ bakmak	*schauen*

Bei dem Stamm **iste** fällt das **e** weg, da vor **yor** kein **e** stehen darf!

Sie möchte eine berühmte Influencerin werden.

Meşhur	influencer	olmak		istiyor.	
Meşhur	influencer	ol	mak	ist	iyor.
Berühmt	**Influencerin**	**werd-**	**-en**	**möcht-**	**-e sie.**
		Stamm von *olmak*	-mAk (kV) Infinitiv	von *istemek*	-(I)yor (gV), Präs., keine Pers.end. bei 3. P. Sg.

Tag und Nacht schaut sie auf ihr Handy.

Gece	gündüz	cep	telefonuna			bakıyor.	
Gece	gündüz	cep	telefon	u	na	bak	ıyor.
Tag	**(und) Nacht**	**Tasche**	**Telefon**	**ihr**	**auf**	**schau-**	**-t sie.**
Das Wort „und" kann im Türkischen durch Aneinanderreihung wiedergegeben werden.				u = Poss. -(s) I(n), 3. P. Sg. + n (Bindekonsonant) + Dat. -A (kV)		Stamm von *bakmak*	-(I)yor (gV), Präs., keine Pers. end. bei 3. P. Sg.

VERWANDTE WÖRTER

❶ Hören Sie sich folgende Wörter an und lesen Sie mit. 060

sosyal medya	*Soziale Medien*	kanal	*Kanal*
		video kanalı	*Videokanal*
		blog	*Blog*
		blog yapmak	*bloggen*
		yayım	*Post*
		yayımlamak	*posten*
		paylaşmak	*teilen, sharen*
internet	*Internet*	internet bağlantısı	*Internetverbindung*
		bağlantı	*Verbindung*
		WLAN	*WLAN*
		Bluetooth®	*Bluetooth®*
		kablosuz	*kabellos*
		kesik	*unterbrochen*
düşkün	*süchtig*	bağımlı	*abhängig*
bin	*tausend*	on bin	*zehntausend*
		yirmi bin	*zwanzigtausend*
		yüz bin	*hunderttausend*
		milyon	*Million*
		milyar	*Milliarde*
		trilyon	*Billion*

takipçi	*Follower/-in*	abone	*Abonnent/-in*
		takip etmek	*folgen, followen*
		like	*Like*
		beğeni	*Like*
		like/beğeni vermek	*liken*
		tık	*Klick*
		tıklamak	*klicken*
		yorum	*Kommentar*
		nefret yorumu	*Hasskommentar*
		shitstorm	*Shitstorm*
meşhur	*berühmt*	viral	*viral*
		gündem olmak	*in die Schlagzeilen kommen*
influencer	*Influencer/-in*	blogcu	*Blogger/-in*
		yaratıcı	*Content Creator*
gece gündüz	*Tag und Nacht*	sabah akşam	*den ganzen Tag (wörtl. morgens und abends)*
		kesintisiz	*ununterbrochen*
cep telefonu	*Handy*	akıllı telefon	*Smartphone (wörtl. kluges Telefon)*
		akıllı saat	*Smartwatch (wörtl. kluge Uhr)*
bakmak	*schauen*	ilgilenmek	*sich beschäftigen*
		erişmek	*erreichen*

ÜBEN

1 Verbinden Sie die passenden Wörter.

1. sosyal medya	a) tausend
2. bin	b) Tag und Nacht
3. takipçi	c) Handy
4. gece gündüz	d) schauen
5. düşkün	e) süchtig
6. cep telefonu	f) Soziale Medien
7. bakmak	g) hundert
8. yüz	h) Follower

2 Ergänzen Sie die fehlenden Wörter, Wortteile oder Endungen.

1. Ağabeyim internete ______.	Mein älterer Bruder ist internetsüchtig.
2. ______ ______ sörf yapıyor.	Er surft Tag und Nacht.
3. ______ medyada da aktif.	Er ist auch in den Sozialen Medien aktiv.
4. 5 000 ______si var.	Er hat 5 000 Follower.
5. ______ olmak istiyor.	Er möchte Influencer werden.
6. Daima ______ telefonuna bakıyor.	Er schaut dauernd aufs Handy.

WIEDERHOLUNG

3 Lesen Sie jetzt den folgenden Text auf Türkisch.

1. Yonca meşhur bir influencer.
2. Kanalında 600 000 abonesi var.
3. Hayali 1 milyon takipçiye erişmek.
4. Her gün kanallarına bakıyor.
5. gece gündüz aktif.

4 Übersetzen Sie nun die Sätze ins Deutsche.

1. ______________________________
2. ______________________________
3. ______________________________
4. ______________________________
5. ______________________________

5 Jetzt können Sie auf der ersten Seite des Kapitels alle Wörter, die Sie gelernt haben, abhaken.

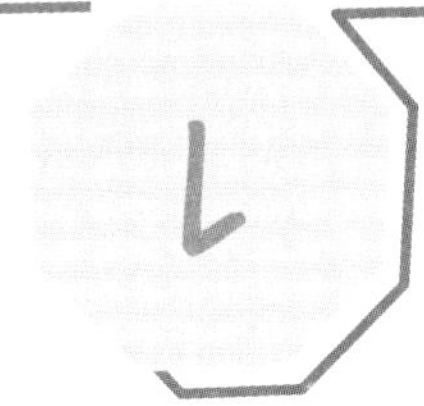

LÖSUNGEN

LEKTION 1

1 1D, 2H, 3B, 4F, 5C, 6E, 7G, 8A

2 1 adım, 2 Soyadım, 3 'üm, 4 yim, 5 okuyorum, 6 da, uyorum, 7 yavaş, un

4 1. Ich heiße Suzan.
2. Mein Spitzname ist Suzi.
3. Ich lebe in Ankara, ich bin Dozentin.
4. Ich lehre Fremdsprachen.
5. Wie ist dein Name?

LEKTION 2

1 1D, 2A, 3B, 4H, 5F, 6C, 7E, 8G

2 1 ayım, 2 arkadaşım, 3 Kendisi, 4 Memnun, 5 müsün, 6 Hayır, değil, 7 Bulgar, 8 dan, iyorum

4 1. Das sind meine besten Freunde Fevzi und Sibel.
2. Fevzi ist Übersetzer und Sibel ist Redakteurin.
3. Sie arbeiten bei einem Verlag.
4. Und das da ist mein Kollege Raj.
5. Er ist Inder. Er kommt aus Jaipur.

LEKTION 3

1 1G, 2H, 3A, 4C, 5D, 6B, 7F, 8E

2 1 dın, 2 Nasılsın, 3 İyi, 4 sınız, 5 de, ederim, 6 şey, unda

4 1. Hallo Can, hallo Dilek, wie geht es euch?
2. Uns geht es sehr gut.
3. Wie geht es dir? Geht es dir gut?
4. Danke euch! Mir geht es auch gut.
5. Wir sehen uns!

LEKTION 4

1 1G, 2C, 3H, 4F, 5A, 6B, 7D, 8E

2 1 var, 2 böyle, 3 pek, 4 yorgun, 5 Belki, 6 Vah vah

4 1. Hallo Berk, was gibt's Neues?
2. Mia ist krank, nicht wahr?
3. Ja, es geht ihr gar nicht gut.
4. Hoffentlich geht es ihr bald besser.
5. Gute Besserung!

LEKTION 5

1 1F, 2G, 3H, 4B, 5E, 6C, 7A, 8D

2 1 kim, 2 apartman, 3 kim(ler), 4 komşular, 5 yepyeni, e-kitap, 6 kullanılmış

4 1. Was ist das alles?
2. Das sind Zeitungen.
3. Und was ist das alles dort?
4. Das sind Zeitschriften.
5. Sie sind alle alt.

LEKTION 6

1 1G, 2A, 3H, 4C, 5F, 6E, 7D, 8B

2 1 Nereye, 2 Nereden, 3 Muayenehane, 4 nerede, 5 de, 6 Azerbaycan'da, 7 Kime, 8 Doktora

4 1. Bei wem bist du jetzt?
2. Ich bin bei Tom.
3. Danach werde ich zu Leyla gehen.
4. Leyla kommt aus Australien.
5. Sie geht nach Afrika oder nach Südamerika.

LEKTION 7

1 1D, 2A, 3B, 4C, 5H, 6E, 7G, 8F
2 1 aile, 2 kişi, 3 Akrabalar, 4 tek, 5 yok
4 1. In unserer Familie gibt es nicht viele Personen.
2. Ich bin Einzelkind (wörtl. ein einzelnes Kind).
3. In der Familie meiner Mutter gibt es viele Personen.
4. Es gibt viele Verwandte.
5. Tanten, Onkel, Neffen und Cousins.

LEKTION 8

1 1B, 2A, 3F, 4G, 5C, 6D, 7E, 8H
2 1 abim/ağabeyim, 2 evlen, 3 aile, 4 Uzak, 5 lar, ler, 6 Yeğen (bezeichnet sowohl die männliche als auch die weibliche Form), kuzen
4 1. Mine und Can verloben sich.
2. Die Verlobung ist morgen.
3. Alle Verwandten sind da.
4. Mein Onkel und meine Tante sind nicht da.
5. Sie lassen sich scheiden.

LEKTION 9

1 1D, 2F, 3H, 4C, 5G, 6A, 7B, 8E
2 1 geç, 2 Bazen, 3 Sabahları, 4 Duş, 5 giyin, makyaj, 6 ürünleri, 7 tıraş
4 1. Am Wochenende stehe ich spät auf.
2. Ich schlafe sehr lange.
3. Ich wache ganz langsam auf.
4. Dann bleibe ich eine Weile im Bett liegen.
5. Noch später stehe ich auf.

LEKTION 10

1 1B, 2A, 3H, 4F, 5E, 6D, 7C, 8G
2 1 Kahvaltı, 2 seviyor, 3 tercih, 4 Akşam, 5 katı, 6 omlet, 7 süt
4 1. Morgens trinke ich Kaffee.
2. Die Kaffeemaschine ist neu.
3. Sie macht/kocht sehr guten Kaffee.
4. Ich trinke den Kaffee mit Milch und Zucker.
5. Er ist sehr heiß! Ich puste.

LEKTION 11

1 1H, 2B, 3G, 4F, 5A, 6E, 7D, 8C
2 1 yakın, 2 bisiklet, 3 uzak, 4 tramvay, 5 otobüs
4 1. Jülides Arbeitsplatz ist weit entfernt.
2. Sie fährt mit dem Auto.
3. Manchmal nimmt sie die Metro
4. Murat geht ohne Auto zur Arbeit.
5. Die Kinder steigen meistens auf das Fahrrad.

LEKTION 12

1 1H, 2A, 3F, 4B, 5G, 6E, 7D, 8C
2 1 Genellike, 2 Ara(da) sıra(da), 3 eşek, 4 sempatik, 5 iş, hoş
4 1. In der Regel arbeite ich mobil.
2. Von Zeit zu Zeit gehe ich ins Büro.
3. Die Kollegen/Kolleginnen sind ein wenig kühl.
4. Manche sind sehr unsympathisch.
5. Deshalb ist das Arbeitsumfeld unangenehm.

LEKTION 13

1 1B, 2F, 3G, 4H, 5C, 6E, 7D, 8A
2 1 çalışma, düzen, 2 li, 3 şey, 4 Bilgisayar, üstünde, 5 Yazıcı, altında, 6 ergonomik, 7 rahat
4 1. Von zu Hause zu arbeiten ist sehr bequem.
2. Gleichzeitig ist es effektiv.
3. Alles ist ruhig, alles ist ordentlich.
4. Niemand stört.

5. Meine Konzentration wird nicht gestört.

LEKTION 14

1 1G, 2H, 3A, 4E, 5B, 6D, 7F, 8C

2 1 ne, 2 gözlükçü, 3 olarak, 4 başlıyor, 5 stajyer, 6 Temsilci, 7 hırslı

4 1. Ich bin Makler.
2. Ich bin sehr ehrgeizig.
3. Ich möchte Karriere machen.
4. Mein Chef unterstützt mich.
5. Er ist auch ein Workaholic.

LEKTION 15

1 1C, 2H, 3F, 4G, 5B, 6E, 7A, 8D

2 1 yazılıyorum, 2 fakülte, 3 Şu an, 4 zor, 5 hazırlanıyor, 6 başarı

4 1. Ich studiere an der Technischen Universität Istanbul.
2. Ich habe mich an der Fakultät für Ingenieurswesen eingeschrieben.
3. Zur Zeit mache ich den Bachelor.
4. Die Prüfungen bestehe ich mit Mühe und Not.
5. Viele Leute fallen durch die Prüfungen durch.

LEKTION 16

1 1B, 2D, 3H, 4G, 5F, 6A, 7E, 8C

2 1 Boş, 2 hobi 3 Birçok, 4 Resim, 5 Şarkı, 6 Golf, 7 seyahat ediyorum

4 1. Ich habe viele Hobbys.
2. Ich male und ich singe im Chor.
3. Ich mag Kunst.
4. Ich gehe in Galerien und Museen.
5. Ich wandere in der Natur.

LEKTION 17

1 1D, 2H, 3A, 4C, 5G, 6F, 7F, 8B

2 1 vaktin (auch: zamanın), 2 sinemaya, 3 bir, 4 Eğlenceli, 5 heyecanlı, 6 ödül, 7 Yabancı, 8 Türk (auch: **yerli film** - in diesem Fall **film** und nicht **filmi**, da **yerli** ein Adjektiv ist)

4 1. Hast du heute Abend Zeit?
2. Lass uns gemeinsam ins Theater gehen.
3. Mit Vergnügen!
4. Es ist ein neues Theaterstück herausgekommen, es heißt "Bleib!"
5. Der Regisseur ist mein Freund.

LEKTION 18

1 1E, 2A, 3H, 4G, 5D, 6F, 7B, 8C

2 1 kaç, 2 sekiz, 3 kaçta, 4 sekizde, 5 sekiz buçuk, 6 çeyrek, 7 var

4 1. Entschuldigen Sie, wie viel Uhr ist es?
2. Es ist fünf Uhr.
3. Wann treffen wir uns?
4. Um zehn vor sechs.
5. OK, wir sind pünktlich!

LEKTION 19

1 1D, 2H, 3A, 4B, 5C, 6E, 7F, 8G

2 1 Pardon, 2 uzak, 3 görüyor, 4 sola, 5 dümdüz, 6 sağa, 7 da

4 1. Verzeihung, wo ist das Rathaus?
2. Es ist ganz in der Nähe, gleich gegenüber.
3. Und wo ist das Schwimmbad?
4. Das ist etwas weit (er weg.)
5. Gehen Sie einen Kilometer ganz geradeaus, es ist gleich rechts.

LEKTION 20

1 1F, 2H, 3G, 4A, 5E, 6B, 7D, 8C
2 1 Pazartesi, Cuma, 2 kadar, 3 döndüm, 4 dinlendim, 5 Pazar
4 1. Letzte Woche bin ich sehr müde geworden (hat mich sehr ermüdet).
2. Gott sei Dank war der Montag ein Feiertag.
3. Ich habe gar nichts gemacht.
4. Ich habe mich richtig gut ausgeruht.
5. Am Dienstag bin ich voller Energie in die Woche gestartet.

LEKTION 21

1 1C, 2F, 3G, 4B, 5A, 6H, 7E, 8D
2 1 sıcak, 2 soğuk, 3 Kar, 4 yağmurlu, fırtınalı, 5 bulutlu, 6 İlk, 7 Son
4 1. Im Frühling wird das Wetter mild.
2. Im Sonner ist das Wetter sonnig.
3. Die Hitze steigt bis zu 38 Grad Celsius.
4. Im Herbst gibt es viel Wind.
5. Im Winter wird es minus 10 Grad Celsius.

LEKTION 22

1 1C, 2A, 3H, 4F, 5G, 6E, 7B, 8D
2 1 Vietnam'a, 2 acağız, motosiklet(ler), tur, 4 Temmuz, Tayland, 5 her şey dahil
4 1. Im Juni werden wir mit der ganzen Familie in den Urlaub fahren.
2. Dieses Jahr werden wir einen Last-Minute-Urlaub machen.
3. Wir haben Flugtickets nach Spanien gekauft.
4. Die Hotels werden wir dort reservieren.
5. Die Aktivitäten werden wir dort planen.

LEKTION 23

1 1B, 2G, 3F, 4E, 5C, 6H, 7D, 8A
2 1 Gidiş, 2 havalimanın, 3 Bagajımız, 4 Check-in', 5 çıkış
4 1. Im Auto wird mir schlecht, ich nehme den Zug.
2. Ich muss den Zug erreichen.
3. Der Zug wartet am Gleis Nummer zwei.
4. Ich habe keinen Koffer, ich kann schnell rennen.
5. Gott sei Dank, ich habe ihn erreicht!

LEKTION 24

1 1H, 2G, 3A, 4D, 5E, 6B, 7C, 8F
2 1 boş, 2 dolu, 3 kuyruk, 4 Yemekler, 5 İçkiler, 6 Vegan
4 1. Dieses Restaurant ist gähnend leer.
2. Das Essen ist nicht gut.
3. Die alkoholischen Getränke sind sehr teuer.
4. Die Kellner/-innen sind unaufmerksam.
5. Und es ist auch nicht besonders sauber.

LEKTION 25

1 1B, 2H, 3E, 4G, 5F, 6D, 7A, 8C
2 1 kirada, 2 almak, 3 mümkün, 4 tavanda, 5 ala
4 1. Heute haben wir ein Haus gekauft.
2. Letzten Monat haben wir einen Kredit aufgenommen.
3. Wir haben uns richtig verschuldet, das Haus ist mit einer Hypothek belastet.
4. Wir werden 25 Jahre lang Schulden abbezahlen.
5. Anders ist es nicht möglich, ein Haus zu kaufen

LEKTION 26

1 1D, 2F, 3E, 4C, 5H, 6G, 7A, 8B
2 1 dolap, 2 lacivert, 3 kahverengi, 4 Kanepe, 5 portakal, 6 Halılar
4 1. Die Möbel in unserem Haus sind kunterbunt.
2. Das Bett ist rot.
3. Die Schränke sind grün.
4. Der Teppich im Gästezimmer ist lila.
5. Die Sessel auf der Terrasse sind gelb.

LEKTION 27

1 1E, 2H, 3F, 4A, 5C, 6G, 7B, 8D
2 1 bluz, dar, 2 pantolon, bol, 3 Kazak, 4 Oturuyor, 5 büyüğü, 6 Yok, numara, 7 kabin
4 1. Im Einkaufszentrum gibt es Kleiderläden.
2. Ich suche eine Jeans und eine Strickjacke.
3. Für die Arbeit benötige ich einen Anzug.
4. Ich probiere eine Menge Kleidung an.
5. Leider ist es entweder zu eng oder zu weit.

LEKTION 28

1 1E, 2A, 3B, 4H, 5C, 6D, 7F, 8G
2 1 Pazar, 2 Meyve, 3 var, 4 ihtiyacım, 5 Bakar, 6 kilo elma, 7 gram
4 1. Zuhause fehlt Gemüse.
2. Lass uns morgen auf den Markt gehen.
3. Lass uns reichlich Obst und Gemüse kaufen
4. Die Waren auf dem Markt sind von guter Qualität.
5. Und die Händler/-innen machen einen guten Preis.

LEKTION 29

1 1D, 2H, 3G, 4F, 5E, 6C, 7B, 8A
2 1 fena, 2 Başım, 3 Burnum, 4 yanıyor, 5 ilaç, 6 hap
4 1. Die Kinder sind krank.
2 Bedri hat eine Grippe bekommen.
3. Er hat auch Sabriye angesteckt.
4. Sie husten sehr schlimm.
5. Und sie haben auch Fieber.

LEKTION 30

1 1F, 2A, 3H, 4B, 5E, 6C, 7D, 8G
2 1 düşkün, 2 Gece gündüz, 3 Sosyal, 4 takipçi, 5 Influencer, 6 cep
4 1. Yonca ist eine berühmte Influencerin.
2 Ihr Kanal hat 600 000 Abonnenten/Abonnentinnen.
3. Ihr Traum ist es, 1 Million Follower/-innen zu erreichen.
4. Sie schaut jeden Tag in ihre Kanäle.
5. Sie ist Tag und Nacht aktiv.